Confeitaria para Iniciantes
Bolos Deliciosos e Simples de Fazer

Ana Santos

bolo de chapéu de páscoa 12
Bolo de Páscoa Simnel 13
Bolo da Décima Segunda Noite 15
Torta de maçã de microondas 16
Torta de maçã de microondas 17
Torta de maçã de micro-ondas 18
Bolo de cenoura de microondas 19
Bolo de cenoura, ananás e noz no microondas 20
Bolos de farelo picantes no microondas 22
Cheesecake De Maracujá De Banana De Microondas 23
Cheesecake De Laranja De Microondas 24
Cheesecake de abacaxi de microondas 25
Pão De Cereja No Forno De Microondas 26
bolo de chocolate de microondas 27
Bolo De Amêndoa De Chocolate De Microondas 28
Brownies duplos de chocolate de micro-ondas 30
Barras de Chocolate com Tâmaras para Microondas 31
quadradinhos de chocolate no micro-ondas 32
Bolo de café rápido no microondas 34
bolo de natal de microondas 35
Bolo de micro-ondas 37
Barras de data de microondas 38
Pão de figo no microondas 39
panquecas de microondas 40
bolo de frutas de microondas 41
Quadradinhos de frutas de coco para micro-ondas 42

Bolo de fondant de microondas 43

pão de gengibre de microondas 43

barras de gengibre de microondas 45

Bolo dourado no microondas 46

Bolo de mel e avelã no microondas 47

Barras de granola gomosas para micro-ondas 48

bolo de nozes de microondas 49

Bolo de suco de laranja no microondas 50

pavlova no microondas 51

bolo de microondas 52

Tarte De Morango De Microondas 53

Pão de ló de microondas 54

Sultanas de microondas 55

Biscoitos de chocolate no micro-ondas 56

Bolinhos De Coco De Microondas 57

Florentino no microondas 58

Biscoitos de avelã e cereja no microondas 59

Biscoitos de passas de microondas 60

Pão de Banana no Microondas 61

pão de queijo de microondas 62

pão de nozes de microondas 63

Bolo Amaretti Sem Forno 64

Barras de arroz americanas crocantes 65

pinturas de damasco 66

Bolo de rocambole com damascos 67

Bolos De Biscoitos Quebrados 68

Bolo de manteiga sem fermento 69

fatia de castanha 70

Pão de Ló de Castanha 71

Barras de chocolate e amêndoas 73

Bolo De Chocolate Crocante 74

Quadrados de Crumble de Chocolate 75

Bolo de chocolate na geladeira 76

Bolo de chocolate e frutas 77

Quadrados de Chocolate com Gengibre 78

Quadrados de Gengibre de Chocolate Deluxe 79

Biscoitos de chocolate e mel 80

mil-folhas de chocolate 81

Boas barras de chocolate 82

Quadrados De Bombons De Chocolate 83

chips de coco 84

Barras crocantes 85

Croquetes de coco e passas 86

Quadradinhos de café com leite 87

Bolo de frutas sem forno 88

quadrados frutados 89

Biscoitos de frutas e fibras 90

Bolo de camadas de nougat 91

Quadrados de leite e noz-moscada 92

muesli crocante 94

Quadrados de mousse de laranja 95

quadradinhos de amendoim 96

Bolos De Caramelo De Hortelã 97

Bolachas de arroz 98

Arroz e caramelo de chocolate 99

pasta de amêndoa 100

maçapão sem açúcar 101

glacê real 102

glacê sem açúcar 103

esmalte fondant 104

Cobertura de Buttercream 105

cobertura de chocolate 106

Glacê de creme de manteiga de chocolate branco 107

Cobertura De Manteiga De Café 108

Cobertura De Manteiga De Limão 109

Esmalte de creme de laranja 110

Glacê de queijo 111

Esmalte de laranja 112

Esmalte de licor de laranja 113

anel de bolinho de mel 114

Bolinhos de granola 115

Scones de passas de laranja 116

Muffins de Pera 117

bolinhos de batata 118

scones de passas 119

Scones de Melaço 120

Scones de melaço de gengibre 121

scones de sultana 122

Scones integrais de melaço 123

Scones com iogurte 124

Scones de queijo 125

Muffins integrais com ervas 126

Scones de salame e queijo 127

scones inteiros 128

Conkies de Barbados 129

biscoitos fritos de natal 130

bolos de fubá 131

scones 132

rosquinhas 133

Panquecas de batata 134

Pão naan 135

Bannock de aveia 136

pique 137

Scones fáceis de cair 138

scones de bordo 139

Scones Grelhados 140

Scones de queijo 141

Panquecas Escocesas Especiais 142

Panquecas escocesas com frutas 143

Panquecas de laranja escocesa 144

Hinny cantando 145

bolos de Galês 146

panquecas galesas 147

Pão de Milho Temperado Mexicano 148

pão sírio sueco 149

Milho cozido no vapor e pão de centeio 150

Pão De Milho No Vapor 151

chapatis completos 152

Puris completo 153

biscoitos de amêndoa 154

anéis de amêndoa 155

anéis de amêndoa 156

biscoitos mediterrânicos de amêndoa 157

Biscoitos de amêndoa e chocolate 158

Amish biscoitos de frutas e nozes 159

biscoitos de anis 160

Biscoitos de Banana, Aveia e Suco de Laranja 161

Biscoitos basicos 162

Biscoitos crocantes de farelo 163

biscoitos de gergelim 164

Biscoitos de aguardente com cominho 165

shots de conhaque 166

Biscoitos de manteiga 167

biscoitos de caramelo 168

biscoitos de caramelo 169

Biscoitos de cenoura e nozes 170

Biscoitos de cenoura e nozes com cobertura de laranja 171

biscoitos de cereja 173

Anéis de cereja e amêndoa 174

Biscoitos de manteiga de chocolate 175

Sanduíches de chocolate e cereja 176

Cookies com pepitas de chocolate 177

Biscoitos de chocolate e banana 178

Picadas de chocolate e nozes 179

Cookies americanos com gotas de chocolate 180

cremes de chocolate 181
Biscoitos de chocolate e avelã 182
Biscoitos de chocolate e noz-moscada 183
Biscoitos de chocolate 184
Cookies de sanduíche com café e chocolate 185
Biscoitos natalinos 187
biscoitos de coco 188
Biscoitos de milho com creme de frutas 189
biscoitos da Cornualha 190
Biscoitos Integrais Com Groselha 191
Cookies de sanduíche com tâmaras 192
Biscoitos Digestivos (Graham Crackers) 193
biscoitos de páscoa 194
florentino 195
chocolate florentino 196
Fiorentino Deluxe com Chocolate 197
Biscoitos escuros e nozes 198
biscoitos vidrados alemães 199
biscoitos de gengibre 200
biscoitos de gengibre 201
homem de gengibre 202
Biscoitos integrais de gengibre 203
Biscoitos de arroz e gengibre 204
biscoitos dourados 205
biscoitos de avelã 206
Biscoitos crocantes de avelã 207
Biscoitos de avelã e amêndoa 208

biscoitos de mel 209

ratafia com mel 210

Biscoitos de Manteiga de Mel.. 211

Biscoitos de Manteiga de Limão 212

biscoitos de limão 213

momentos de fusão 214

biscoitos de granola 215

biscoitos de nozes 216

Biscoitos crocantes de nozes 217

Biscoitos crocantes com canela e nozes 218

dedos de aveia 219

bolo de chapéu de páscoa

Faz um bolo de 8"/20cm

75 g/3 onças/1/3 xícara de açúcar mascavo

3 ovos

75 g/3 oz/¾ xícara de farinha com fermento (com fermento)

15 ml/1 colher de sopa de cacau em pó (chocolate sem açúcar)

15 ml / 1 colher de sopa de água morna

Para o recheio:
2 oz/¼ xícara/50g de manteiga ou margarina, amolecida

75 g/3 oz/½ xícara de açúcar em pó (confeitaria), peneirado

Para enfeitar:
100 g/4 onças/1 xícara de chocolate amargo (meio-doce)

25 g/1 oz/2 colheres de sopa de manteiga ou margarina

Fita de açúcar ou flores (opcional)

Bata o açúcar e os ovos juntos em uma tigela refratária colocada sobre uma panela com água fervente. Continue batendo até obter uma mistura espessa e cremosa. Deixe descansar por alguns minutos, retire do fogo e bata novamente até que a mistura deixe um rastro ao retirar o batedor. Misture a farinha e o cacau, depois acrescente a água. Despeje a mistura em uma forma de 20 cm untada e enfarinhada e em uma forma de 15 cm untada e enfarinhada. Asse em forno pré-aquecido a 200°C/400°F/termostato 6 por 15-20 minutos até que esteja inchado e firme ao toque. Deixe esfriar no rack.

Para fazer o recheio, bata a margarina e o açúcar de confeiteiro até formar um creme. Use-o para colocar o bolo de sanduíche menor em cima do maior.

Para preparar o recheio, derreta o chocolate e a manteiga ou margarina em uma tigela refratária sobre uma panela com água fervente. Despeje o recheio sobre o bolo e espalhe com uma faca umedecida em água quente para que fique totalmente coberto. Decore a borda com uma fita ou flores de açúcar.

Bolo de Páscoa Simnel

Faz um bolo de 8"/20cm

8 oz/1 xícara de manteiga ou margarina, amolecida

225g/8 onças/1 xícara de açúcar mascavo doce

raspas de 1 limão

4 ovos batidos

225 g/8 onças/2 xícaras de farinha simples (para todos os fins)

5 ml/1 colher de chá de fermento em pó

2,5 ml/½ colher de chá de noz-moscada ralada

50 g/2 onças/½ xícara de fubá (amido de milho)

100 g/4 onças/2/3 xícaras de passas (passas douradas)

100g/4 onças/2/3 xícaras de passas

75 g/3 onças/½ xícara de groselha

100 g de cerejas glaceadas (cristalizadas), picadas

25 g/1 oz/¼ xícara de amêndoas moídas

450 g/1 lb maçapão

30 ml/2 colheres de sopa de compota de damasco (guardar)

1 clara de ovo batida

Bata a manteiga ou margarina, o açúcar e as raspas de limão até obter um creme claro e fofo. Acrescente os ovos aos poucos, depois acrescente a farinha, o fermento, a noz-moscada e o amido de milho. Junte as frutas e as amêndoas. Despeje metade da mistura em uma forma de bolo inglês untada e enfarinhada de 20 cm de profundidade. Estenda metade do maçapão em um círculo do tamanho do bolo e coloque-o em cima da mistura. Recheie com o restante da massa e leve ao forno pré-aquecido a 160°C/termostato 3 por 2-2½ horas até dourar. Deixe esfriar na forma. Depois de frio, desenforme e embrulhe em papel manteiga (encerado). Armazene em um recipiente hermético por até três semanas, para amadurecer, se possível.

Para finalizar o bolo, pincele a superfície com a geleia. Abra três quartos do restante do maçapão em um círculo de 8cm/20cm, limpe as bordas e coloque em cima do bolo. Enrole o maçapão restante em 11 bolas (para representar os discípulos sem Judas). Pincele a parte superior do bolo com a clara de ovo batida e disponha as bolas à volta do bolo, pincelando-as com a clara de ovo. Coloque sob uma grelha quente (grelha) por cerca de um minuto para dourar levemente.

Bolo da Décima Segunda Noite

Faz um bolo de 8"/20cm

8 oz/1 xícara de manteiga ou margarina, amolecida

225g/8 onças/1 xícara de açúcar mascavo doce

4 ovos batidos

225 g/8 onças/2 xícaras de farinha simples (para todos os fins)

5ml/1 colher de chá. temperos mistos moídos (torta de maçã)

175 g/6 onças/1 xícara de passas (passas douradas)

100g/4 onças/2/3 xícaras de passas

75 g/3 onças/½ xícara de groselha

50 g de cerejas glaceadas (cristalizadas)

50 g/2 onças/1/3 xícara de casca mista picada (cristalizada)

30 ml/2 colheres de sopa de leite

12 velas para decorar

Bata a manteiga ou margarina com o açúcar até obter um creme claro e fofo. Acrescente aos poucos os ovos, depois acrescente a farinha, o mix de especiarias, as frutas e as raspas e misture até ficar bem misturado, acrescentando um pouco de leite se necessário para fazer uma mistura espumosa. Despeje em uma forma de bolo inglês de 20 cm untada e enfarinhada e leve ao forno pré-aquecido a 180°C/termostato 4 por 2 horas até que um palito inserido no centro saia bem. Começar

Torta de maçã de microondas

Faz um quadrado de 9"/23cm

100 g/4 onças/½ xícara de manteiga ou margarina, amolecida

100g/4oz/½ xícara de açúcar mascavo doce

30 ml/2 colheres de sopa de xarope dourado (milho light)

2 ovos, ligeiramente batidos

225 g/8 onças/2 xícaras de farinha com fermento (com fermento)

10ml/2 colheres de sopa. temperos mistos moídos (torta de maçã)

120ml/4oz/½ xícara de leite

2 maçãs cozidas (tortas), descascadas, sem caroço e cortadas em fatias finas

15 ml / 1 colher de sopa de açúcar granulado (surfin)

5 ml/1 colher de chá de canela em pó

Bata a manteiga ou margarina, o açúcar mascavo e o xarope até obter um creme claro e fofo. Adicione os ovos aos poucos. Misture a farinha e os temperos misturados e acrescente o leite até ficar homogêneo. Misture as maçãs. Despeje em uma frigideira redonda untada e forrada de fundo de 23 cm (23 cm) própria para micro-ondas (frigideira tubular) e leve ao micro-ondas em potência média por 12 minutos até firmar. Deixe descansar por 5 minutos, depois vire e polvilhe com o açúcar granulado e a canela.

Torta de maçã de microondas

Faz um bolo de 8"/20cm

100 g/4 onças/½ xícara de manteiga ou margarina, amolecida

175g/6 onças/¾ xícara de açúcar mascavo doce

1 ovo, levemente batido

175g/6oz/1½ xícara de farinha de trigo (para todos os fins)

2,5ml/½ colher de chá de fermento em pó

Uma pitada de sal

2,5 ml/½ colher de chá. pimenta da Jamaica moída

¼ colher de chá/1,5 ml de noz-moscada ralada

1,5 ml/¼ colher de chá de cravo

½ pt/1¼ xícaras/300 mL de purê de maçã sem açúcar (salsa)

75 g/3 onças/½ xícara de passas

Açúcar de confeiteiro (confeitaria) para polvilhar

Bata a manteiga ou margarina e o açúcar mascavo até obter um creme claro e fofo. Acrescente o ovo aos poucos, depois acrescente a farinha, o fermento, o sal e os temperos, alternando o purê de maçã e as passas. Despeje em uma assadeira quadrada de 20cm untada e enfarinhada e leve ao microondas em potência alta por 12 minutos. Deixe esfriar na forma, corte em quadrados e polvilhe com açúcar de confeiteiro.

Torta de maçã de micro-ondas

Faz um bolo de 8"/20cm

175 g de manteiga ou margarina amolecida

100 g/4 onças/½ xícara de açúcar de confeiteiro (superfino)

3 ovos levemente batidos

30 ml/2 colheres de sopa de xarope dourado (milho light)

Raspas e sumo de 1 limão

175 g/6 onças/1½ xícara de farinha com fermento (com fermento)

2 oz/50 g/½ xícara de nozes picadas

1 maçã (sobremesa), descascada, sem caroço e picada

100 g/4 onças/2/3 xícara de açúcar em pó (doce)

30 ml/2 colheres de sopa de suco de limão

15ml/1 colher de sopa de água

Metades de nozes para decorar

Bata a manteiga ou margarina e o açúcar em pó até obter um creme claro e fofo. Adicione aos poucos os ovos, depois a calda, as raspas e o suco de limão. Misture a farinha, as nozes picadas e a maçã. Despeje em um refratário de 20 cm untado com óleo e leve ao micro-ondas na potência máxima por 4 minutos. Retire do forno e cubra com papel alumínio. Deixe esfriar. Misture o açúcar de confeiteiro com o suco de limão e água o suficiente para formar um glacê liso (glacê). Espalhe sobre o bolo e cubra com metades de nozes.

Bolo de cenoura de microondas

Faz um bolo de 7"/18cm

100 g/4 onças/½ xícara de manteiga ou margarina, amolecida

100g/4oz/½ xícara de açúcar mascavo doce

2 ovos batidos

Raspas e sumo de 1 laranja

2,5ml/½ colher de chá de canela em pó

Uma pitada de noz moscada ralada

100g/4oz cenouras, raladas

100 g / 4 onças / 1 xícara de farinha com fermento (aumento automático).

25 g/1 oz/¼ xícara de amêndoas moídas

25 g/1 oz/2 colheres de sopa de açúcar de confeiteiro (superfino)

Para enfeitar:

100g/4oz/½ xícara de cream cheese

1/3 xícara/2 onças/50 g de açúcar em pó (confeitaria), peneirado

30 ml/2 colheres de sopa de suco de limão

Bata a manteiga e o açúcar até obter um creme claro e fofo. Incorpore os ovos aos poucos, depois acrescente o suco e as raspas de laranja, os temperos e a cenoura. Misture a farinha, as amêndoas e o açúcar. Despeje em uma forma de 18 cm untada e enfarinhada e cubra com filme plástico. Leve ao micro-ondas em potência alta por 8 minutos até que um palito inserido no centro saia limpo. Retire o filme plástico e deixe descansar por 8 minutos antes de desenformar sobre uma gradinha para completar o resfriamento. Bata os ingredientes do recheio e espalhe sobre o bolo resfriado.

Bolo de cenoura, ananás e noz no microondas

Faz um bolo de 8"/20cm

225 g/8 onças/1 xícara de açúcar de confeiteiro (superfino)

2 ovos

120ml/4oz/½ xícara de óleo

1,5 ml/¼ colher de chá de sal

5 ml/1 colher de chá de bicarbonato de sódio (bicarbonato de sódio)

100 g / 4 onças / 1 xícara de farinha com fermento (aumento automático).

5 ml/1 colher de chá de canela em pó

175 g de cenoura ralada

3 oz/75 g/¾ xícara de nozes picadas

225 g/8 onças de abacaxi esmagado com seu suco

Para o glacê (glacê):
15 g/½ oz/1 colher de sopa de manteiga ou margarina

50g/2oz/¼ xícara de cream cheese

10 ml/2 colheres de chá de suco de limão

Açúcar de confeiteiro (confeitaria), peneirado

Forre uma assadeira circular grande (forma de tubo) com papel manteiga. Bata o açúcar, os ovos e o óleo. Misture delicadamente os ingredientes secos até misturar bem. Misture o restante dos ingredientes do bolo. Despeje a mistura na forma preparada, coloque em uma gradinha ou prato invertido e leve ao micro-ondas em potência alta por 13 minutos ou até firmar. Deixe descansar por 5 minutos e desenforme sobre uma gradinha para esfriar.

Enquanto isso, prepare o glacê. Coloque a manteiga ou margarina, o cream cheese e o suco de limão em uma tigela e leve ao micro-ondas na potência máxima por 30-40 segundos. Aos poucos, misture o açúcar de confeiteiro suficiente para obter uma consistência espessa e bata até ficar espumoso. Quando o bolo estiver frio, espalhe a cobertura sobre ele.

Bolos de farelo picantes no microondas

de 15

75 g/3 onças/¾ xícara Todos os cereais de farelo

250ml/8oz/1 xícara de leite

175g/6oz/1½ xícara de farinha de trigo (para todos os fins)

75 g/3 onças/1/3 xícara de açúcar em pó (superfino)

10 ml / 2 colheres de chá de fermento em pó

10ml/2 colheres de sopa. temperos mistos moídos (torta de maçã)

Uma pitada de sal

60 ml/4 colheres de sopa de xarope dourado (milho light)

45 ml/3 colheres de sopa de óleo

1 ovo, levemente batido

75 g/3 onças/½ xícara de passas

15 ml / 1 colher de sopa de casca de laranja ralada

Mergulhe o cereal no leite por 10 minutos. Junte a farinha, o açúcar, o fermento, a mistura de especiarias e o sal e envolva no cereal. Misture a calda, o óleo, o ovo, as passas e as raspas de laranja. Despeje em forminhas de papel (embalagens de cupcake) e aqueça cinco bolos por vez no micro-ondas em potência alta por 4 minutos. Repita para os bolos restantes.

Cheesecake De Maracujá De Banana De Microondas

Faz um bolo de 9"/23cm

100 g/4 onças/½ xícara de manteiga ou margarina, derretida

175 g/6 onças/1½ xícara de migalhas de biscoito de gengibre (cookies)

250 g/9 oz/genérico 1 xícara de cream cheese

6 fl oz / ¾ xícara de creme azedo (lácteos)

2 ovos, ligeiramente batidos

100 g/4 onças/½ xícara de açúcar de confeiteiro (superfino)

Raspas e sumo de 1 limão

150 ml/¼ pt/2/3 xícara de chantilly

1 banana, fatiada

1 maracujá picado

Misture a manteiga ou margarina e as migalhas de biscoito e pressione no fundo e nas laterais de uma forma de 23 cm que possa ir ao micro-ondas. Microondas em potência alta por 1 minuto. Deixe esfriar.

Bata o cream cheese e o creme de leite até ficar homogêneo, depois acrescente o ovo, o açúcar e o suco e as raspas de limão. Despeje na base e distribua uniformemente. Cozinhe em fogo médio por 8 minutos. Deixe esfriar.

Bata o creme até ficar firme e espalhe-o sobre a caixa. Decore com rodelas de banana e disponha a polpa de maracujá por cima.

Cheesecake De Laranja De Microondas

Faz um bolo de 8"/20cm

2 oz/¼ xícara/50g de manteiga ou margarina

12 bolachas cracker, picadas

100 g/4 onças/½ xícara de açúcar de confeiteiro (superfino)

225g/8oz/1 xícara de cream cheese

2 ovos

30 ml/2 colheres de sopa de suco de laranja concentrado

15 ml / 1 colher de sopa de suco de limão

¼ pt/2/3 xícara/150 mL de creme azedo (lácteos)

Uma pitada de sal

1 laranja

30 ml/2 colheres de sopa de compota de damasco (guardar)

¼ pt/2/3 xícara/150 ml creme de leite (pesado).

Derreta a manteiga ou margarina em uma panela própria para micro-ondas de 20 cm em potência alta por 1 minuto. Misture as migalhas de biscoito e 25 g de açúcar e pressione no fundo e nas laterais da forma. Bata o queijo com o açúcar restante e os ovos, em seguida, dobre os sucos de laranja e limão, creme de leite e sal. Despeje em saquinho (concha) e leve ao micro-ondas em potência alta por 2 minutos. Deixe descansar por 2 minutos e, em seguida, micro-ondas em potência alta por mais 2 minutos. Deixe descansar por 1 minuto e, em seguida, micro-ondas em potência alta por 1 minuto. Deixe esfriar.

Descasque a laranja e retire os gomos da membrana com uma faca afiada. Derreta a geléia e pincele a superfície do cheesecake. Bata o creme e cubra a borda do cheesecake, depois decore com as rodelas de laranja.

Cheesecake de abacaxi de microondas

Faz um bolo de 9"/23cm

100 g/4 onças/½ xícara de manteiga ou margarina, derretida

175 g/6 onças/1 ½ xícara de biscoitos Graham

250 g/9 oz/genérico 1 xícara de cream cheese

2 ovos, ligeiramente batidos

5 ml/1 colher de chá de raspas de limão

30 ml/2 colheres de sopa de suco de limão

75 g/3 onças/1/3 xícara de açúcar em pó (superfino)

14oz/1 abacaxi grande, escorrido e amassado

¼ pt/2/3 xícara/150 ml creme de leite (pesado).

Misture a manteiga ou margarina e as migalhas de biscoito e pressione no fundo e nas laterais de uma forma de 23 cm que possa ir ao micro-ondas. Microondas em potência alta por 1 minuto. Deixe esfriar.

Bata o cream cheese, os ovos, as raspas e o suco de limão e o açúcar até ficar homogêneo. Adicione o abacaxi e despeje sobre a base. Microondas em potência média por 6 minutos até ficar sólido. Deixe esfriar.

Bata o creme até ficar firme e coloque-o sobre o cheesecake.

Pão De Cereja No Forno De Microondas

Rende um pão de 900g/2lb

175 g de manteiga ou margarina amolecida

175g/6 onças/¾ xícara de açúcar mascavo doce

3 ovos batidos

225 g/8 onças/2 xícaras de farinha simples (para todos os fins)

10 ml / 2 colheres de chá de fermento em pó

Uma pitada de sal

45 ml/3 colheres de sopa de leite

75 g/3 onças/1/3 xícara de cerejas cristalizadas (cristalizadas)

75 g/3 onças/¾ xícara de nozes mistas picadas

25 g/1 oz/3 colheres de sopa de açúcar de confeiteiro (pasta), peneirado

Bata a manteiga ou margarina e o açúcar mascavo até obter um creme claro e fofo. Dobre gradualmente os ovos, em seguida, dobre a farinha, o fermento e o sal. Junte leite suficiente para obter uma consistência suave e, em seguida, adicione as cerejas e as nozes. Despeje em um refratário de 900g/2lb untado e enfarinhado e polvilhe com açúcar. Leve ao micro-ondas em potência alta por 7 minutos. Deixe repousar por 5 minutos e depois inverta em uma gradinha para completar o resfriamento.

bolo de chocolate de microondas

Faz um bolo de 7"/18cm

8 oz/1 xícara de manteiga ou margarina, amolecida

175 g/6 onças/¾ xícara de açúcar de confeiteiro (superfino)

150 g/5 oz/1¼ xícaras de farinha com fermento (com fermento)

50 g/2 onças/¼ xícara de cacau em pó (chocolate sem açúcar)

5 ml/1 colher de chá de fermento em pó

3 ovos batidos

45 ml/3 colheres de sopa de leite

Combine todos os ingredientes e despeje em um prato de 7 polegadas / 18 cm untado e forrado com óleo para micro-ondas. Microondas em potência alta por 9 minutos até ficar sólido ao toque. Deixe esfriar na forma por 5 minutos e desenforme sobre uma gradinha para completar o resfriamento.

Bolo De Amêndoa De Chocolate De Microondas

Faz um bolo de 8"/20cm

Para o bolo:

100 g/4 onças/½ xícara de manteiga ou margarina, amolecida

100 g/4 onças/½ xícara de açúcar de confeiteiro (superfino)

2 ovos, ligeiramente batidos

100 g / 4 onças / 1 xícara de farinha com fermento (aumento automático).

50 g/2 onças/½ xícara de cacau em pó (chocolate sem açúcar)

50 g/2 onças/½ xícara de amêndoas moídas

150ml/¼ pt/2/3 xícara de leite

60 ml/4 colheres de sopa de xarope dourado (milho light)

Para o glacê (glacê):

100 g/4 onças/1 xícara de chocolate amargo (meio-doce)

25 g/1 oz/2 colheres de sopa de manteiga ou margarina

8 amêndoas inteiras

Para preparar o bolo, bata a manteiga ou margarina e o açúcar até obter um creme claro e fofo. Adicione os ovos aos poucos, depois acrescente a farinha e o cacau, depois as amêndoas moídas. Adicione o leite e o xarope e bata até obter um creme claro e homogêneo. Despeje em um prato próprio para micro-ondas de 20cm forrado com filme plástico (filme) e leve ao micro-ondas na potência máxima por 4 minutos. Retire do forno, cubra a parte superior com papel alumínio e deixe esfriar um pouco, em seguida, inverta sobre uma gradinha para completar o resfriamento.

Para preparar a calda, derreta o chocolate e a manteiga ou margarina em fogo alto por 2 minutos. Bata bem. Mergulhe as amêndoas pela metade no chocolate e deixe-as repousar sobre uma folha de papel manteiga (untada com óleo). Despeje a cobertura restante sobre o bolo e espalhe por cima e nas laterais. Decore com as amêndoas e deixe solidificar.

Brownies duplos de chocolate de micro-ondas

de 8

150g/5oz/1¼ xícara de chocolate amargo (meio-doce), picado grosseiramente

75 g/3 onças/1/3 xícara de manteiga ou margarina

175g/6 onças/¾ xícara de açúcar mascavo doce

2 ovos, ligeiramente batidos

150g/5oz/1¼ xícara de farinha comum (para todos os fins)

2,5ml/½ colher de chá de fermento em pó

2,5 ml/½ colher de chá de essência de baunilha (extrato)

30 ml/2 colheres de sopa de leite

Derreta ½ xícara/2 onças/50 g de chocolate com manteiga ou margarina em fogo alto por 2 minutos. Misture o açúcar e os ovos, depois acrescente a farinha, o fermento, a essência de baunilha e o leite até ficar homogêneo. Despeje em um refratário de 20 cm untado com óleo e leve ao micro-ondas na potência máxima por 7 minutos. Deixe esfriar na forma por 10 minutos. Derreta o chocolate restante em fogo alto por 1 minuto, depois espalhe sobre o bolo e deixe esfriar. Corte em quadrados.

Barras de Chocolate com Tâmaras para Microondas

de 8

2 oz/1/3 xícara de tâmaras sem caroço (sem caroço), picadas

60ml/4 colheres de sopa de água fervente

2½ oz/65 g 1/3 xícara de manteiga ou margarina, amolecida

225 g/8 onças/1 xícara de açúcar de confeiteiro (superfino)

1 ovo

100 g/4 oz/1 xícara de farinha simples (para todos os fins)

10ml/2 colheres de chá de cacau (chocolate sem açúcar) em pó

2,5ml/½ colher de chá de fermento em pó

Uma pitada de sal

25 g/1 oz/¼ xícara de nozes mistas picadas

100 g/4 onças/1 xícara de chocolate amargo (meio-doce), finamente picado

Misture as tâmaras com água fervente e deixe descansar até que esfriem. Bata a manteiga ou margarina com metade do açúcar até obter um creme claro e fofo. Dobre lentamente o ovo e, em seguida, dobre alternadamente a farinha, o cacau, o fermento, o sal e a mistura de tâmaras. Despeje em uma forma quadrada de 20 cm, untada e enfarinhada, que possa ir ao micro-ondas. Misture o restante do açúcar com as nozes e o chocolate e polvilhe com uma leve pressão. Leve ao micro-ondas em potência alta por 8 minutos. Deixe esfriar na forma antes de cortar em quadrados.

quadradinhos de chocolate no micro-ondas

dá 16

Para o bolo:

2 oz/¼ xícara/50g de manteiga ou margarina

5 ml/1 colher de chá de açúcar de confeiteiro (surfin)

75 g/3 onças/¾ xícara de farinha comum (para todos os fins)

1 gema de ovo

15ml/1 colher de sopa de água

175 g/6 oz/1 ½ xícara de chocolate amargo (meio-doce), ralado ou bem picado

Para enfeitar:

2 oz/¼ xícara/50g de manteiga ou margarina

50 g/2 onças/¼ xícara de açúcar refinado (superfino)

1 ovo

2,5 ml/½ colher de chá de essência de baunilha (extrato)

100 g/4 onças/1 xícara de nozes picadas

Para preparar o bolo, amoleça a manteiga ou margarina e junte o açúcar, a farinha, a gema e a água. Espalhe a mistura uniformemente em um prato quadrado de 20 cm que possa ir ao micro-ondas e leve ao micro-ondas na potência máxima por 2 minutos. Polvilhe com chocolate e leve ao microondas em potência alta por 1 minuto. Distribua uniformemente na base e deixe endurecer.

Para fazer o recheio, leve ao micro-ondas a manteiga ou margarina em potência alta por 30 segundos. Misture os ingredientes restantes da cobertura e espalhe sobre o chocolate. Microondas em potência alta por 5 minutos. Deixe esfriar e corte em quadrados.

Bolo de café rápido no microondas

Faz um bolo de 7"/19cm

Para o bolo:

8 oz/1 xícara de manteiga ou margarina, amolecida

225 g/8 onças/1 xícara de açúcar de confeiteiro (superfino)

225 g/8 onças/2 xícaras de farinha com fermento (com fermento)

5 ovos

45ml/3 colheres de sopa de essência de café (extrato)

Para o glacê (glacê):

30ml/2 colheres de sopa de essência de café (extrato)

175g/6 onças/¾ xícara de manteiga ou margarina

Açúcar de confeiteiro (confeitaria), peneirado

Metades de nozes para decorar

Misture todos os ingredientes do bolo até ficar bem misturado. Divida em duas formas de torta de microondas de 3/7 de polegada e leve ao microondas cada uma em alta por 5-6 minutos. Retire do micro-ondas e deixe esfriar.

Misture os ingredientes para a calda, adoce a gosto com açúcar de confeiteiro. Depois de frios, envolva os bolos em metade do glacê e espalhe o restante por cima. Decore com metades de nozes.

bolo de natal de microondas

Faz um bolo de 9"/23cm

2/3 xícara/5 onças/150 g de manteiga ou margarina, amolecida

2/3 xícara/5 onças/150 g de açúcar mascavo doce

3 ovos

30 ml/2 colheres de sopa de melaço de crock preto (melaço)

225 g/8 onças/2 xícaras de farinha com fermento (com fermento)

10ml/2 colheres de sopa. temperos mistos moídos (torta de maçã)

2. 5ml/½ colher de chá de noz-moscada ralada

2,5 ml/½ colher de chá de bicarbonato de sódio (bicarbonato de sódio)

450 g/1 lb/22/3 xícaras de nozes mistas (mistura de torta de frutas)

50 g de cerejas glaceadas (cristalizadas)

50 g/2 onças/1/3 xícara de casca mista picada

50 g/2 onças/½ xícara de nozes mistas picadas

30 ml/2 colheres de sopa de conhaque

Conhaque adicional para amadurecer o bolo (opcional)

Bata a manteiga ou margarina e o açúcar até obter um creme claro e fofo. Bata gradualmente os ovos e o melaço, depois acrescente a farinha, os temperos e o bicarbonato de sódio. Misture delicadamente a mistura de frutas, cascas e nozes e, em seguida, adicione o conhaque. Despeje em uma forma de 23cm forrada com fundo próprio para micro-ondas e leve ao micro-ondas em potência baixa por 45-60 minutos. Deixe esfriar na forma por 15 minutos antes de desenformar sobre uma gradinha para completar o resfriamento.

Depois de frio, embrulhe o bolo em papel alumínio e guarde em local fresco e escuro por 2 semanas. Se desejar, perfure o topo do bolo várias vezes com um palito fino e polvilhe com mais conhaque, depois volte a enrolar e guarde o bolo. Você pode fazer isso várias vezes para criar um bolo mais rico.

Bolo de micro-ondas

Faz um bolo de 8"/20cm

10oz/300g/1¼ xícaras de açúcar em pó (superfino)

225 g/8 onças/2 xícaras de farinha simples (para todos os fins)

10 ml / 2 colheres de chá de fermento em pó

5 ml/1 colher de chá de canela em pó

100 g/4 onças/½ xícara de manteiga ou margarina, amolecida

2 ovos, ligeiramente batidos

100ml/3½ fl oz/6½ colheres de sopa de leite

Junte o açúcar, a farinha, o fermento e a canela. Junte a manteiga ou margarina e reserve um quarto da mistura. Combine os ovos e o leite e bata em uma porção maior da mistura do bolo. Despeje a mistura em uma forma de 20cm untada e enfarinhada para micro-ondas e polvilhe com a mistura de crumble reservada. Microondas em potência alta por 10 minutos. Deixe esfriar no prato.

Barras de data de microondas

de 12

150 g/5 oz/1¼ xícaras de farinha com fermento (com fermento)

175 g/6 onças/¾ xícara de açúcar de confeiteiro (superfino)

100 g/4 onças/1 xícara de coco ralado (ralado)

2/3 xícara/4 onças/100 g de tâmaras sem caroço (sem caroço), picadas

50 g/2 onças/½ xícara de nozes mistas picadas

100 g/4 onças/½ xícara de manteiga ou margarina, derretida

1 ovo, levemente batido

Açúcar de confeiteiro (confeitaria) para polvilhar

Misture os ingredientes secos. Adicione a manteiga ou margarina e o ovo e amasse até formar uma massa firme. Pressione no fundo de um prato quadrado de 8 polegadas / 20 cm que possa ir ao micro-ondas e leve ao micro-ondas em potência média por 8 minutos, até ficar sólido. Deixe na forma por 10 minutos, depois corte em barras e desenforme sobre uma grade para esfriar completamente.

Pão de figo no microondas

Rende um pão de 675g

100g/4 onças/2 xícaras de farelo

50g/2oz/¼ xícara de açúcar mascavo doce

45ml/3 colheres de sopa de mel claro

2/3 xícara/100 g de figos secos picados

2 oz/50 g/½ xícara de avelãs picadas

300 ml/½ pt/1¼ xícara de leite

100 g / 4 onças / 1 xícara de farinha de trigo integral (integral).

10 ml / 2 colheres de chá de fermento em pó

Uma pitada de sal

Misture todos os ingredientes em uma pasta dura. Forre em uma assadeira própria para micro-ondas e nivele a superfície. Cozinhe em alta por 7 minutos. Deixe esfriar na forma por 10 minutos e desenforme sobre uma gradinha para completar o resfriamento.

panquecas de microondas

a partir de 24

175 g de manteiga ou margarina amolecida

50 g/2 onças/¼ xícara de açúcar refinado (superfino)

50g/2oz/¼ xícara de açúcar mascavo doce

90 ml/6 colheres de sopa de xarope dourado (milho light)

Uma pitada de sal

275g/10oz/2½ xícara de aveia em flocos

Combine a manteiga ou margarina e os açúcares em uma tigela grande e cozinhe em fogo alto por 1 minuto. Adicione os outros ingredientes e misture bem. Despeje a mistura em uma forma untada de 7cm/18cm para micro-ondas e pressione levemente. Cozinhe em alta por 5 minutos. Deixe esfriar um pouco e depois corte em quadrados.

bolo de frutas de microondas

Faz um bolo de 7"/18cm

175 g de manteiga ou margarina amolecida

175 g/6 onças/¾ xícara de açúcar de confeiteiro (superfino)

raspas de 1 limão

3 ovos batidos

225 g/8 onças/2 xícaras de farinha simples (para todos os fins)

5ml/1 colher de chá. temperos mistos moídos (torta de maçã)

8 onças/11/3 xícaras de passas

225g/8oz/11/3 xícaras de passas (passas douradas)

50 g de cerejas glaceadas (cristalizadas)

50 g/2 onças/½ xícara de nozes mistas picadas

15 ml/1 colher de sopa de xarope dourado (milho claro)

45 ml/3 colheres de sopa de conhaque

Bata a manteiga ou margarina e o açúcar até obter um creme claro e fofo. Misture as raspas de limão e incorpore gradualmente os ovos. Misture a farinha e os temperos misturados e, em seguida, adicione os ingredientes restantes. Despeje em uma forma de 18 cm untada e enfarinhada e enfarinhada e leve ao micro-ondas e cozinhe em fogo baixo por 35 minutos, até que um palito inserido no centro saia limpo. Deixe esfriar na forma por 10 minutos e desenforme sobre uma gradinha para completar o resfriamento.

Quadradinhos de frutas de coco para micro-ondas

de 8

2 oz/¼ xícara/50g de manteiga ou margarina

9 bolachas cracker picadas

50 g/2 onças/½ xícara de coco ralado (ralado)

2/3 xícara/100 g casca mista picada (cristalizada)

2 oz/1/3 xícara de tâmaras sem caroço (sem caroço), picadas

15 ml/1 colher de sopa de farinha (para todos os fins)

25 g/1 oz/2 colheres de sopa de cerejas cristalizadas (cristalizadas), picadas

100 g/4 onças/1 xícara de nozes picadas

150ml/¼ pt/2/3 xícara de leite condensado

Derreta a manteiga ou margarina em uma forma quadrada de 20 cm que possa ir ao micro-ondas em potência alta por 40 segundos. Misture as migalhas de biscoito e espalhe-as uniformemente no fundo do prato. Polvilhe com o coco e depois com as raspas misturadas. Misture as tâmaras com a farinha, as cerejas e as nozes e polvilhe por cima, depois despeje o leite. Leve ao micro-ondas em potência alta por 8 minutos. Deixe esfriar na forma e corte em quadrados.

Bolo de fondant de microondas

Faz um bolo de 8"/20cm

150g/5oz/1¼ xícara de farinha comum (para todos os fins)

5 ml/1 colher de chá de fermento em pó

Uma pitada de bicarbonato de sódio (bicarbonato de sódio)

Uma pitada de sal

10oz/300g/1¼ xícaras de açúcar em pó (superfino)

2 oz/¼ xícara/50g de manteiga ou margarina, amolecida

250ml/8oz/1 xícara de leite

Algumas gotas de essência de baunilha (extrato)

1 ovo

100 g/4 onças/1 xícara de chocolate amargo (meio-doce), picado

50g / 2 onças / ½ xícara de nozes mistas picadas

cobertura de chocolate

Junte a farinha, o fermento, o bicarbonato e o sal. Misture o açúcar, acrescenta a manteiga ou margarina, o leite e a essência de baunilha até ficar homogêneo. Bata o ovo. Aqueça três quartos do chocolate no micro-ondas em potência máxima por 2 minutos até derreter e misture na mistura do bolo até ficar cremoso. Misture as nozes. Divida a mistura entre duas assadeiras de 20cm/8 polegadas untadas e enfarinhadas e aqueça cada uma separadamente no micro-ondas por 8 minutos. Retire do forno, cubra com papel alumínio e deixe esfriar por 10 minutos, depois desenforme sobre uma grade para esfriar completamente. Sanduíche com metade da cobertura de creme de manteiga (glacê),

pão de gengibre de microondas

Faz um bolo de 8"/20cm

2 oz/¼ xícara/50g de manteiga ou margarina

75 g/3 oz/¼ xícara de melaço de crock preto (melaço)

15 ml / 1 colher de sopa de açúcar granulado (surfin)

100 g/4 oz/1 xícara de farinha simples (para todos os fins)

5 ml/1 colher de chá de gengibre em pó

2,5 ml/½ colher de chá. temperos mistos moídos (torta de maçã)

2,5 ml/½ colher de chá de bicarbonato de sódio (bicarbonato de sódio)

1 ovo batido

Coloque a manteiga ou margarina em uma tigela e leve ao micro-ondas na potência máxima por 30 segundos. Misture o melaço e o açúcar e leve ao micro-ondas por 1 minuto em potência alta. Misture a farinha, os temperos e o fermento. Bata o ovo. Despeje a mistura em uma assadeira untada de 1,5 litro/2½ quartos/6 xícaras e leve ao micro-ondas em potência alta por 4 minutos. Deixe esfriar na forma por 5 minutos e desenforme sobre uma gradinha para completar o resfriamento.

barras de gengibre de microondas

de 12

Para o bolo:

2/3 xícara/5 onças/150 g de manteiga ou margarina, amolecida

50 g/2 onças/¼ xícara de açúcar refinado (superfino)

100 g/4 oz/1 xícara de farinha simples (para todos os fins)

2,5ml/½ colher de chá de fermento em pó

5 ml/1 colher de chá de gengibre em pó

Para enfeitar:

15 g/½ oz/1 colher de sopa de manteiga ou margarina

15 ml/1 colher de sopa de xarope dourado (milho claro)

Algumas gotas de essência de baunilha (extrato)

5 ml/1 colher de chá de gengibre em pó

2 onças / 1/3 xícara de açúcar em pó (confeitaria)

Para preparar o bolo, bata a manteiga ou margarina e o açúcar até obter um creme claro e fofo. Adicione a farinha, o fermento e o gengibre e misture até obter uma pasta lisa. Pressione em um prato quadrado de 20 cm que possa ir ao micro-ondas e leve ao micro-ondas em potência média por 6 minutos, até ficar sólido.

Para fazer o recheio, derreta a manteiga ou margarina e a calda. Adicione a essência de baunilha, o gengibre e o açúcar de confeiteiro e bata até engrossar. Espalhe uniformemente sobre o bolo quente. Deixar arrefecer no tabuleiro e depois cortar em barras ou quadrados.

Bolo dourado no microondas

Faz um bolo de 8"/20cm

Para o bolo:

100 g/4 onças/½ xícara de manteiga ou margarina, amolecida

100 g/4 onças/½ xícara de açúcar de confeiteiro (superfino)

2 ovos, ligeiramente batidos

Algumas gotas de essência de baunilha (extrato)

225 g/8 onças/2 xícaras de farinha simples (para todos os fins)

10 ml / 2 colheres de chá de fermento em pó

Uma pitada de sal

60 ml/4 colheres de sopa de leite

Para o glacê (glacê):

2 oz/¼ xícara/50g de manteiga ou margarina, amolecida

100 g/4 onças/2/3 xícara de açúcar em pó (doce)

Algumas gotas de essência de baunilha (extrato) (opcional)

Para preparar o bolo, bata a manteiga ou margarina e o açúcar até obter um creme claro e fofo. Dobre gradualmente os ovos, em seguida, dobre a farinha, o fermento e o sal. Misture leite suficiente para dar uma textura suave e líquida. Divida em duas formas de 20cm untadas e enfarinhadas para micro-ondas e cozinhe cada bolo separadamente em potência alta por 6 minutos. Retire do forno, cubra com papel alumínio e deixe esfriar por 5 minutos, em seguida, inverta sobre uma gradinha para completar o resfriamento.

Para preparar o glacê, bata a manteiga ou margarina até ficar cremosa, depois acrescente o açúcar de confeiteiro e a essência de baunilha, se desejar. Cubra os bolos com metade da cobertura e espalhe o restante por cima.

Bolo de mel e avelã no microondas

Faz um bolo de 7"/18cm

2/3 xícara/5 onças/150 g de manteiga ou margarina, amolecida

100g/4oz/½ xícara de açúcar mascavo doce

45ml/3 colheres de sopa de mel claro

3 ovos batidos

225 g/8 onças/2 xícaras de farinha com fermento (com fermento)

100 g/4 onças/1 xícara de avelãs moídas

45 ml/3 colheres de sopa de leite

Cobertura de Buttercream

Bata a manteiga ou margarina, o açúcar e o mel até obter um creme claro e fofo. Bata os ovos aos poucos, depois acrescente a farinha e as avelãs e o leite o suficiente para obter uma consistência homogênea. Despeje em um prato próprio para micro-ondas de 18 cm e cozinhe em fogo médio por 7 minutos. Deixe esfriar na forma por 5 minutos e desenforme sobre uma gradinha para completar o resfriamento. Corte o bolo ao meio na horizontal e depois envolva-o na cobertura de creme de manteiga (glacê).

Barras de granola gomosas para micro-ondas

são cerca de 10

100 g/4 onças/½ xícara de manteiga ou margarina

175 g/6 onças/½ xícara de mel claro

2 onças/1/3 xícara de damascos secos prontos para consumo, picados

2 oz/1/3 xícara de tâmaras sem caroço (sem caroço), picadas

75 g/3 onças/¾ xícara de nozes mistas picadas

100 g/4 onças/1 xícara de aveia em flocos

100g/4oz/½ xícara de açúcar mascavo doce

1 ovo batido

25 g / 1 oz / 2 colheres de sopa de farinha com fermento (com fermento)

Coloque a manteiga ou margarina e o mel em uma tigela e cozinhe em fogo alto por 2 minutos. Misture todos os ingredientes restantes. Despeje em um prato próprio para micro-ondas de 20 cm e leve ao micro-ondas em potência alta por 8 minutos. Deixe esfriar um pouco e corte em quadrados ou fatias.

bolo de nozes de microondas

Faz um bolo de 8"/20cm

150g/5oz/1¼ xícara de farinha comum (para todos os fins)

Uma pitada de sal

5 ml/1 colher de chá de canela em pó

75 g/3 onças/1/3 xícara de açúcar mascavo doce

75 g/3 onças/1/3 xícara de açúcar em pó (superfino)

75ml/5 colheres de sopa de óleo

1 oz/¼ xícara de nozes picadas

5 ml/1 colher de chá de fermento em pó

2,5 ml/½ colher de chá de bicarbonato de sódio (bicarbonato de sódio)

1 ovo

150 ml/¼ pt/2/3 xícara de coalhada

Junte a farinha, o sal e metade da canela. Misture os açúcares e, em seguida, adicione o óleo até misturar bem. Pegue 90 ml/6 colheres de sopa da mistura e misture com as nozes e a restante canela. Adicione o fermento, o bicarbonato, o ovo e o leite à massa da mistura e bata até ficar homogêneo. Despeje a mistura principal em um refratário de 20cm untado e enfarinhado e polvilhe com a mistura de nozes. Leve ao micro-ondas em potência alta por 8 minutos. Deixe esfriar na forma por 10 minutos e sirva quente.

Bolo de suco de laranja no microondas

Faz um bolo de 8"/20cm

2¼ xícaras/9 onças/250 g de farinha comum (para todos os fins)

225g/8 onças/1 xícara de açúcar refinado

15 ml / 1 colher de sopa de fermento em pó

2,5ml/½ colher de chá de sal

60ml/4 colheres de sopa de óleo

250ml/8 onças/2 xícaras de suco de laranja

2 ovos separados

100 g/4 onças/½ xícara de açúcar de confeiteiro (superfino)

Esmalte de creme de laranja

Cobertura de glacê de laranja

Junte a farinha, o açúcar refinado, o fermento, o sal, o óleo e metade do suco de laranja e bata até misturar bem. Bata as gemas e o restante suco de laranja até ficar leve e macio. Bata as claras até ficarem firmes, acrescente metade do açúcar granulado e bata até engrossar e ficar brilhante. Misture o açúcar restante e, em seguida, dobre as claras na mistura do bolo. Divida entre dois pratos próprios para micro-ondas de 8 a 8 polegadas com manteiga e farinha e aqueça cada um separadamente em Alta por 6-8 minutos. Retire do forno, cubra com papel alumínio e deixe esfriar por 5 minutos, em seguida, inverta sobre uma gradinha para completar o resfriamento.

pavlova no microondas

Faz um bolo de 9"/23cm

4 claras de ovo

225 g/8 onças/1 xícara de açúcar de confeiteiro (superfino)

2,5 ml/½ colher de chá de essência de baunilha (extrato)

Algumas gotas de vinagre de vinho

150 ml/¼ pt/2/3 xícara de chantilly

1 kiwi, fatiado

100 g de morangos fatiados

Bata as claras até formar picos moles. Polvilhe com metade do açúcar e bata bem. Adicione aos poucos o açúcar restante, a essência de baunilha e o vinagre e bata até dissolver. Abra a mistura em um círculo de 23 cm sobre uma folha de papel manteiga. Microondas em potência alta por 2 minutos. Deixe descansar no micro-ondas com a porta aberta por 10 minutos. Retire do forno, retire o papel manteiga e deixe esfriar. Bata as natas até ficarem firmes e espalhe sobre o merengue. Disponha bem as frutas por cima.

bolo de microondas

Faz um bolo de 8"/20cm

225 g/8 onças/2 xícaras de farinha simples (para todos os fins)

15 ml / 1 colher de sopa de fermento em pó

50 g/2 onças/¼ xícara de açúcar refinado (superfino)

100 g/4 onças/½ xícara de manteiga ou margarina

75 ml/5 colheres de sopa de creme líquido (light)

1 ovo

Misture a farinha, o fermento e o açúcar, depois acrescente a manteiga ou margarina até obter uma farofa. Misture o creme de leite e o ovo, em seguida, trabalhe na mistura de farinha até formar uma massa macia. Pressione em um prato próprio para micro-ondas de 8 polegadas / 20 cm untado e leve ao micro-ondas na potência máxima por 6 minutos. Deixe descansar por 4 minutos, desenforme e termine de esfriar sobre uma grade.

Tarte De Morango De Microondas

Faz um bolo de 8"/20cm

900 g de morangos cortados em fatias grossas

225 g/8 onças/1 xícara de açúcar de confeiteiro (superfino)

225 g/8 onças/2 xícaras de farinha simples (para todos os fins)

15 ml / 1 colher de sopa de fermento em pó

175g/6 onças/¾ xícara de manteiga ou margarina

75 ml/5 colheres de sopa de creme líquido (light)

1 ovo

¼ pt/2/3 xícara/150 ml de creme de leite (pesado), batido

Misture os morangos com ¾ xícara/6 onças/175 g de açúcar e leve à geladeira por pelo menos 1 hora.

Combine a farinha, o fermento e o restante do açúcar e, em seguida, adicione ½ xícara/4 onças/100 g de manteiga ou margarina até que a mistura pareça farinha de rosca. Misture o creme de leite e o ovo, depois acrescente a mistura de farinha até obter uma massa macia. Pressione em um prato próprio para micro-ondas de 8 polegadas / 20 cm untado e leve ao micro-ondas na potência máxima por 6 minutos. Deixe descansar por 4 minutos, desenforme e divida no centro ainda quente. Deixe esfriar.

Cubra ambas as superfícies cortadas com a manteiga ou margarina restante. Espalhe um terço do chantilly no fundo e cubra com três quartos dos morangos. Cubra com outro terço do creme e coloque a segunda massa por cima. Decore com o restante creme e morangos.

Pão de ló de microondas

Faz um bolo de 7"/18cm

150 g/5 oz/1¼ xícaras de farinha com fermento (com fermento)

100 g/4 onças/½ xícara de manteiga ou margarina

100 g/4 onças/½ xícara de açúcar de confeiteiro (superfino)

2 ovos

30 ml/2 colheres de sopa de leite

Bata todos os ingredientes até ficar homogêneo. Despeje em um prato forrado de 7 polegadas / 18 cm e leve ao micro-ondas em potência média por 6 minutos. Deixe esfriar na forma por 5 minutos e desenforme sobre uma gradinha para completar o resfriamento.

Sultanas de microondas

de 12

175g/6 onças/¾ xícara de manteiga ou margarina

100 g/4 onças/½ xícara de açúcar de confeiteiro (superfino)

15 ml/1 colher de sopa de xarope dourado (milho claro)

75 g/3 onças/½ xícara de passas (passas douradas)

5 ml/1 colher de chá de raspas de limão

225 g/8 onças/2 xícaras de farinha com fermento (com fermento)

Para o glacê (glacê):

175 g/6 onças/1 xícara de açúcar de confeiteiro (doce)

30 ml/2 colheres de sopa de suco de limão

Leve ao micro-ondas a manteiga ou margarina, o açúcar de confeiteiro e a calda em potência média por 2 minutos. Misture as passas e as raspas de limão. Misture a farinha. Despeje em um prato quadrado de 20cm / 8 polegadas untado e forrado com óleo e enfarinhado e leve ao micro-ondas em potência média por 8 minutos até firmar. Deixe esfriar um pouco.

Coloque o açúcar de confeiteiro em uma tigela e faça um buraco no centro. Aos poucos, misture o suco de limão para fazer um esmalte liso. Espalhe sobre o bolo ainda quente e deixe esfriar completamente.

Biscoitos de chocolate no micro-ondas

a partir de 24

8 oz/1 xícara de manteiga ou margarina, amolecida

100g/4oz/½ xícara de açúcar mascavo escuro

5 ml/1 colher de chá de essência de baunilha (extrato)

225 g/8 onças/2 xícaras de farinha com fermento (com fermento)

50 g/2 onças/½ xícara de chocolate em pó para beber

Bata a manteiga, o açúcar e a essência de baunilha até obter um creme claro e fofo. Aos poucos, adicione a farinha e o chocolate e misture até formar uma massa lisa. Forme bolas do tamanho de nozes, coloque seis de cada vez em uma assadeira untada para micro-ondas (cookies) e achate levemente com um garfo. Aqueça cada fornada no micro-ondas em potência alta por 2 minutos, até que todos os biscoitos estejam cozidos. Deixe esfriar no rack.

Bolinhos De Coco De Microondas

a partir de 24

2 oz/¼ xícara/50g de manteiga ou margarina, amolecida

75 g/3 onças/1/3 xícara de açúcar em pó (superfino)

1 ovo, levemente batido

2,5 ml/½ colher de chá de essência de baunilha (extrato)

75 g/3 onças/¾ xícara de farinha comum (para todos os fins)

25 g/1 oz/¼ xícara de coco ralado (ralado)

Uma pitada de sal

30 ml/2 colheres de sopa de compota de morango (guardar)

Bata a manteiga ou margarina com o açúcar até obter um creme claro e fofo. Adicione o ovo e a essência de baunilha alternadamente com a farinha, o coco e o sal e misture até ficar homogêneo. Forme bolas do tamanho de nozes e coloque seis de cada vez em uma assadeira untada para micro-ondas e pressione levemente com um garfo para achatar levemente. Microondas em potência alta por 3 minutos até solidificar. Transfira para uma gradinha e coloque uma colher de geléia no centro de cada biscoito. Repita com os biscoitos restantes.

Florentino no microondas

de 12

2 oz/¼ xícara/50g de manteiga ou margarina

50 g de açúcar demerara

15 ml/1 colher de sopa de xarope dourado (milho claro)

50 g de cerejas glaceadas (cristalizadas)

3 oz/75 g/¾ xícara de nozes picadas

25 g / 1 oz / 3 colheres de sopa de passas (passas douradas)

1 oz/¼ xícara de amêndoas em flocos (em flocos)

30 ml/2 colheres de sopa de casca mista picada (cristalizada)

25 g/1 oz/¼ xícara de farinha comum (para uso geral)

100 g/4 onças/1 xícara de chocolate amargo (meio-doce), quebrado (opcional)

Leve ao micro-ondas a manteiga ou margarina, o açúcar e a calda em fogo alto por 1 minuto até derreter. Misture as cerejas, nozes, passas e amêndoas e, em seguida, dobre a mistura de casca e farinha. Coloque colheres de chá da mistura, bem espaçadas, em papel manteiga (oleado) e cozinhe quatro de cada vez em potência alta por 1 1/2 minutos de cada vez. Alise as bordas com uma faca, deixe esfriar no papel por 3 minutos e depois transfira para uma grade para esfriar completamente. Repita com os biscoitos restantes. Se quiser, derreta o chocolate em uma tigela por 30 segundos e espalhe-o em um lado dos T-bones e deixe-o endurecer.

Biscoitos de avelã e cereja no microondas

a partir de 24

100 g/4 onças/½ xícara de manteiga ou margarina, amolecida

100 g/4 onças/½ xícara de açúcar de confeiteiro (superfino)

1 ovo batido

175g/6oz/1½ xícara de farinha de trigo (para todos os fins)

50 g/2 onças/½ xícara de avelãs moídas

100 g/4 onças/½ xícara de cerejas cristalizadas

Bata a manteiga ou margarina e o açúcar até obter um creme claro e fofo. Acrescente o ovo aos poucos, depois acrescente a farinha, as avelãs e as cerejas. Coloque as colheres uniformemente espaçadas em assadeiras seguras para micro-ondas (biscoitos) e aqueça oito biscoitos (biscoitos) de cada vez em Alta por cerca de 2 minutos até firmar.

Biscoitos de passas de microondas

a partir de 24

225 g/8 onças/2 xícaras de farinha simples (para todos os fins)

5ml/1 colher de chá. temperos mistos moídos (torta de maçã)

175 g de manteiga ou margarina amolecida

100 g/4 onças/2/3 xícaras de passas (passas douradas)

175 g de açúcar demerara

Misture a farinha e os temperos misturados, depois acrescente a manteiga ou margarina, as passas e 100g de açúcar para fazer uma massa macia. Enrole em duas salsichas com cerca de 18 cm de comprimento e passe no açúcar restante. Corte em fatias e arrume seis de cada vez em uma assadeira untada com micro-ondas e leve ao micro-ondas em potência alta por 2 minutos. Deixe esfriar sobre uma gradinha e repita com o restante dos biscoitos.

Pão de Banana no Microondas

Rende um pão de 450 g/1 lb

75 g/3 onças/1/3 xícara de manteiga ou margarina, amolecida

175 g/6 onças/¾ xícara de açúcar de confeiteiro (superfino)

2 ovos, ligeiramente batidos

200 g/7 onças/1¾ xícara de farinha comum (para todos os fins)

10 ml / 2 colheres de chá de fermento em pó

2,5 ml/½ colher de chá de bicarbonato de sódio (bicarbonato de sódio)

Uma pitada de sal

2 bananas maduras

15 ml / 1 colher de sopa de suco de limão

60 ml/4 colheres de sopa de leite

2 oz/50 g/½ xícara de nozes picadas

Bata a manteiga ou margarina e o açúcar até obter um creme claro e fofo. Bata os ovos lentamente, depois acrescente a farinha, o fermento, o bicarbonato e o sal. Amasse as bananas com o suco de limão e acrescente à mistura com o leite e as nozes. Despeje em uma forma de pão de 450 g/1 lb untada e enfarinhada e leve ao micro-ondas na potência máxima por 12 minutos. Retire do forno, cubra com papel alumínio e deixe esfriar por 10 minutos, depois desenforme sobre uma grade para esfriar completamente.

pão de queijo de microondas

Rende um pão de 450 g/1 lb

2 oz/¼ xícara/50g de manteiga ou margarina

250ml/8oz/1 xícara de leite

2 ovos, ligeiramente batidos

225 g/8 onças/2 xícaras de farinha simples (para todos os fins)

10 ml / 2 colheres de chá de fermento em pó

10 ml/2 colheres de chá de mostarda em pó

2,5ml/½ colher de chá de sal

175g/6oz/1½ xícara de queijo cheddar, ralado

Derreta a manteiga ou margarina em uma tigela pequena em alta por 1 minuto. Misture o leite e os ovos. Junte a farinha, o fermento, a mostarda, o sal e 100 g de queijo. Mexa na mistura de leite até ficar bem misturado. Despeje em uma assadeira segura para micro-ondas (panela) e micro-ondas em potência alta por 9 minutos. Polvilhe com o queijo restante, cubra com papel alumínio e deixe descansar por 20 minutos.

pão de nozes de microondas

Rende um pão de 450 g/1 lb

225 g/8 onças/2 xícaras de farinha simples (para todos os fins)

10oz/300g/1¼ xícaras de açúcar em pó (superfino)

5 ml/1 colher de chá de fermento em pó

Uma pitada de sal

100 g/4 onças/½ xícara de manteiga ou margarina, amolecida

150ml/¼ pt/2/3 xícara de leite

2,5 ml/½ colher de chá de essência de baunilha (extrato)

4 claras de ovo

2 oz/50 g/½ xícara de nozes picadas

Misture a farinha, o açúcar, o fermento e o sal. Bata a manteiga ou margarina, depois o leite e a essência de baunilha. Bata as claras até ficarem cremosas e, em seguida, misture as nozes. Despeje em uma forma de pão de 450 g/1 lb untada e enfarinhada e leve ao micro-ondas na potência máxima por 12 minutos. Retire do forno, cubra com papel alumínio e deixe esfriar por 10 minutos, depois desenforme sobre uma grade para esfriar completamente.

Bolo Amaretti Sem Forno

Faz um bolo de 8"/20cm

100 g/4 onças/½ xícara de manteiga ou margarina

175 g/6 oz/1½ xícara de chocolate amargo (meio-doce)

75 g/3 oz Amaretti (biscoitos), picado grosseiramente

175g/6oz/1½ xícara de nozes picadas

50 g/2 onças/½ xícara de pinhões

75 g/3 oz/1/3 xícara de cerejas cristalizadas (cristalizadas), picadas

30 ml/2 colheres de sopa de Grand Marnier

225g/8oz/1 xícara de mascarpone

Derreta a manteiga ou margarina e o chocolate em uma tigela refratária colocada sobre uma panela com água fervente. Retire do lume e junte as bolachas, as nozes e as cerejas. Despeje em uma forma de sanduíche (molde) forrada com filme plástico (foil) e pressione delicadamente. Leve à geladeira por 1 hora até firmar. Desenforme sobre um prato de servir e retire a película transparente. Bata o Grand Marnier no mascarpone e despeje sobre a base.

Barras de arroz americanas crocantes

Faz cerca de 24 barras

2 oz/¼ xícara/50g de manteiga ou margarina

225 g/8 onças de marshmallow branco

5 ml/1 colher de chá de essência de baunilha (extrato)

5 oz/150 g de cereal de arroz tufado

Derreta a manteiga ou margarina em uma panela grande em fogo baixo. Adicione os marshmallows e cozinhe, mexendo sempre, até os marshmallows derreterem e a mistura ficar em forma de xarope. Retire do fogo e acrescente a essência de baunilha. Misture o cereal de arroz até ficar uniformemente revestido. Pressione em uma forma quadrada de 23 cm e corte em barras. Deixa para lá.

pinturas de damasco

de 12

2 oz/¼ xícara/50g de manteiga ou margarina

175 g/6 onças/1 lata pequena de leite evaporado

15 ml / 1 colher de sopa de mel claro

45 ml/3 colheres de sopa de suco de maçã

50g/2oz/¼ xícara de açúcar mascavo doce

2 oz/50 g/1/3 xícara de passas (passas douradas)

8 onças/11/3 xícaras de damascos secos prontos para consumo, picados

100 g/4 onças/1 xícara de coco ralado (ralado)

225g/8 onças/2 xícaras de aveia em flocos

Derreta a manteiga ou margarina com o leite, o mel, o sumo de maçã e o açúcar. Misture os ingredientes restantes. Pressione em uma frigideira untada de 25 cm/12 polegadas e deixe esfriar antes de cortar em quadrados.

Bolo de rocambole com damascos

Faz um bolo de 9"/23cm

14 onças/1 metade grande de damasco, escorrida e reservada no suco

50 g/2 onças/½ xícara de creme em pó

75 g/3 oz/¼ xícara de geléia de damasco (compota transparente)

75 g/3 onças/½ xícara de damascos secos prontos para consumo, picados

400g/14oz/1 lata grande de leite condensado

225g/8 onças/1 xícara de queijo cottage

45 ml/3 colheres de sopa de suco de limão

1 rolinho suíço fatiado

Prepare suco de damasco com água para fazer 500 ml/17 fl oz/2¼ xícaras. Misture o creme em pó em uma pasta com um pouco de líquido e leve o restante para ferver. Misture a massa de creme e a geleia de damasco e cozinhe até engrossar e ficar brilhante, mexendo sempre. Amasse os damascos em calda e acrescente à mistura com os damascos secos. Deixe esfriar, mexendo de vez em quando.

Bata o leite condensado, a ricota e o suco de limão até ficar bem misturado e acrescente à mistura de gelatina. Forre uma forma de bolo inglês (forma) de 23cm com filme plástico (folha de alumínio) e disponha as fatias de rocambole (geléia) no fundo e nas laterais da forma. Despeje a mistura para bolo e leve à geladeira até firmar. Desenforme com cuidado na hora de servir.

Bolos De Biscoitos Quebrados

de 12

100 g/4 onças/½ xícara de manteiga ou margarina

30 ml/2 colheres de sopa de açúcar granulado (surfin)

15 ml/1 colher de sopa de xarope dourado (milho claro)

30 ml/2 colheres de sopa de cacau em pó (chocolate sem açúcar)

225 g/8 onças/2 xícaras de migalhas de biscoito (biscoitos)

2 oz/50 g/1/3 xícara de passas (passas douradas)

Derreta a manteiga ou margarina com o açúcar e a calda sem deixar ferver. Misture o cacau, os biscoitos e as passas. Pressione em uma forma untada de 25cm (10"/25cm), deixe esfriar e leve à geladeira até firmar. Corte em quadrados.

Bolo de manteiga sem fermento

Faz um bolo de 9"/23cm

30 ml/2 colheres de sopa de creme em pó

100 g/4 onças/½ xícara de açúcar de confeiteiro (superfino)

450 ml/¾ pt/2 xícaras de leite

6 fl oz/¾ xícara de leitelho/175 mL

25 g/1 oz/2 colheres de sopa de manteiga ou margarina

400 g/12 onças de biscoitos simples (biscoitos), triturados

120 ml/4 fl oz/½ xícara de chantilly

Misture o creme de leite e a pasta de açúcar com um pouco de leite. Leve o leite restante para ferver. Mexa na massa, depois volte tudo para a panela e mexa em fogo baixo por cerca de 5 minutos até engrossar. Misture o leitelho com a manteiga ou margarina. Despeje camadas de migalhas de biscoito e creme em uma forma de bolo de 23cm forrada com filme plástico (alumínio) ou prato de vidro. Pressione delicadamente e leve à geladeira até firmar. Bata o creme até ficar firme e espalhe as rosetas de creme sobre o bolo. Sirva do prato ou levante delicadamente para servir.

fatia de castanha

Rende um pão de 900g/2lb

225 g/8 oz/2 xícaras de chocolate amargo (meio-doce)

100 g/4 onças/½ xícara de manteiga ou margarina, amolecida

100 g/4 onças/½ xícara de açúcar de confeiteiro (superfino)

450 g/1 lb/1 lata de purê de castanha sem açúcar

25 g/1 oz/¼ xícara de farinha de arroz

Algumas gotas de essência de baunilha (extrato)

2/3 xícara/¼ pt/150 mL de chantilly, batido

Chocolate ralado para decorar

Derreta o chocolate amargo em uma tigela refratária sobre uma panela com água fervente. Bata a manteiga ou margarina e o açúcar até obter um creme claro e fofo. Incorpore o purê de castanha, o chocolate, a farinha de arroz e a essência de baunilha. Despeje em uma forma untada e enfarinhada de 900g/2lb e leve à geladeira até firmar. Decore com chantilly e chocolate ralado antes de servir.

Pão de Ló de Castanha

Rende um bolo de 900g/2lb

Para o bolo:

400 g / 14 onças / 1 lata grande de purê de castanha adoçada

100 g/4 onças/½ xícara de manteiga ou margarina, amolecida

1 ovo

Algumas gotas de essência de baunilha (extrato)

30 ml/2 colheres de sopa de conhaque

24 biscoitos biscoitos biscoitos (cookies)

Para o Glaze:

30 ml/2 colheres de sopa de cacau em pó (chocolate sem açúcar)

15 ml / 1 colher de sopa de açúcar granulado (surfin)

30ml/2 colheres de sopa de água

Para o creme de manteiga:

100 g/4 onças/½ xícara de manteiga ou margarina, amolecida

2/3 xícara/4 onças/100 g de açúcar em pó (confeitaria), peneirado

15 ml/1 colher de sopa de essência de café (extrato)

Para fazer o bolo, junte o purê de castanha, a manteiga ou margarina, o ovo, a essência de baunilha e 15ml/1 colher de conhaque e bata até ficar homogêneo. Unte e enfarinhe uma forma de pão de 900g/2lb (forma) e forre o fundo e as laterais com os biscoitos. Polvilhe os biscoitos com o restante conhaque e despeje a mistura de castanhas no centro. Refrigere até ficar firme.

Retire do molde e remova o papel de forro. Derreta os ingredientes do glacê em uma tigela refratária colocada sobre uma panela com água fervente, mexendo até ficar homogêneo. Deixe esfriar um pouco e pincele a maior parte da cobertura por cima do bolo. Misture os ingredientes do creme de manteiga até ficar homogêneo e gire ao redor da borda do bolo. Regue com o glacê reservado para finalizar.

Barras de chocolate e amêndoas

de 12

175g/6oz/1½ xícara de chocolate amargo (meio-doce), picado

3 ovos separados

120ml/4oz/½ xícara de leite

10 ml/2 colheres de chá de gelatina em pó

120 ml / 4 fl oz / ½ xícara de creme duplo (pesado)

45 ml/3 colheres de sopa de açúcar granulado (surfin)

60 ml/4 colheres de sopa de amêndoas laminadas, torradas

Derreta o chocolate em uma tigela refratária colocada sobre uma panela com água fervente. Retire do fogo e incorpore as gemas. Ferva o leite em uma panela separada e bata a gelatina. Mexa na mistura de chocolate e, em seguida, misture o creme. Bata as claras até ficarem firmes, acrescente o açúcar e bata novamente até ficarem firmes e brilhantes. Mexa na mistura. Despeje em uma forma de pão de 450g/1lb untada e forrada com manteiga, polvilhe com amêndoas torradas e deixe esfriar, depois leve à geladeira por pelo menos 3 horas até firmar. Vire e corte em fatias grossas para servir

Bolo De Chocolate Crocante

Rende um pão de 450 g/1 lb

  2/3 xícara/5 onças/150 g de manteiga ou margarina
30 ml/2 colheres de sopa de xarope dourado (milho light)

175 g/6 onças/1 ½ xícara de biscoitos Graham

2 oz/50 g de cereal de arroz tufado

25 g / 1 oz / 3 colheres de sopa de passas (passas douradas)

25 g/1 oz/2 colheres de sopa de cerejas cristalizadas (cristalizadas), picadas

225g/8 onças/2 xícaras de gotas de chocolate

30ml/2 colheres de sopa de água

1 xícara/6 oz/175 g de açúcar de confeiteiro, peneirado

Derreta ½ xícara/4 onças/100 g de manteiga ou margarina com a calda, retire do fogo e misture as migalhas de biscoito, cereais, passas, cerejas e três quartos das gotas de chocolate. Despeje em uma forma untada e enfarinhada de 450 g / 1 lb e alise a parte superior. Refrigere até ficar firme. Derreta o restante da manteiga ou margarina com o restante do chocolate e a água. Adicione o açúcar de confeiteiro e misture até ficar homogêneo. Retire o bolo da forma e corte-o ao meio no sentido do comprimento. Sanduíches com metade da cobertura de chocolate (cobertura), arrume em um prato de servir e regue com a cobertura restante. Refrigere antes de servir.

Quadrados de Crumble de Chocolate

Dá cerca de 24

225 g/8 onças de biscoitos digestivos (graham crackers)

100 g/4 onças/½ xícara de manteiga ou margarina

25 g/1 oz/2 colheres de sopa de açúcar de confeiteiro (superfino)

15 ml/1 colher de sopa de xarope dourado (milho claro)

45 ml/3 colheres de sopa de cacau em pó (chocolate sem açúcar)

200g/7oz/1¾ xícaras cobertura de bolo de chocolate

Coloque os biscoitos em um saco plástico e abra-os com um rolo. Derreta a manteiga ou margarina em uma panela, depois acrescente o açúcar e a calda. Retire do fogo e acrescente as migalhas de biscoito e o cacau. Despeje em uma forma quadrada de 18cm untada e enfarinhada e pressione uniformemente. Deixe esfriar e leve à geladeira até firmar.

Derreta o chocolate em uma tigela refratária colocada sobre uma panela com água fervente. Espalhe sobre o biscoito, traçando linhas com um garfo enquanto ele endurece. Corte em quadrados quando estiver firme.

Bolo de chocolate na geladeira

Rende um bolo de 450g/1lb

100g/4oz/½ xícara de açúcar mascavo doce

100 g/4 onças/½ xícara de manteiga ou margarina

50 g/2 onças/½ xícara de chocolate em pó para beber

25 g/1 oz/¼ xícara de cacau em pó (chocolate sem açúcar)

30 ml/2 colheres de sopa de xarope dourado (milho light)

5 onças/150 g de biscoitos ou biscoitos ricos em chá

50 g de cerejas glaceadas (cristalizadas) ou mix de nozes e passas

100g/4oz/1 xícara de chocolate ao leite

Coloque o açúcar, a manteiga ou margarina, o achocolatado, o cacau e a calda em uma panela e leve ao fogo baixo até a manteiga derreter, misturando bem. Retire do fogo e esfarele os biscoitos. Misture as cerejas ou nozes e passas e despeje em uma panela de 450g/1lb (panela refogue). Deixe esfriar na geladeira.

Derreta o chocolate em uma tigela refratária sobre uma panela com água fervente. Espalhe sobre o bolo resfriado e corte quando estiver pronto.

Bolo de chocolate e frutas

Faz um bolo de 7"/18cm

100 g/4 onças/½ xícara de manteiga ou margarina, derretida

100g/4oz/½ xícara de açúcar mascavo doce

225 g/8 onças/2 xícaras de migalhas de biscoito de graham

2 oz/50 g/1/3 xícara de passas (passas douradas)

45 ml/3 colheres de sopa de cacau em pó (chocolate sem açúcar)

1 ovo batido

Algumas gotas de essência de baunilha (extrato)

Misture a manteiga ou margarina e o açúcar, depois acrescente os demais ingredientes e bata bem. Despeje em uma forma untada de 18 cm/7 polegadas e alise a superfície. Refrigere até definir.

Quadrados de Chocolate com Gengibre

a partir de 24

100 g/4 onças/½ xícara de manteiga ou margarina

100g/4oz/½ xícara de açúcar mascavo doce

30 ml/2 colheres de sopa de cacau em pó (chocolate sem açúcar)

1 ovo, levemente batido

225 g/8 onças/2 xícaras de migalhas de biscoito de gengibre (cookies)

15 ml / 1 colher de sopa de gengibre cristalizado (cristalizado) picado

Derreta a manteiga ou margarina, depois acrescente o açúcar e o cacau até misturar bem. Misture o ovo, as migalhas de biscoito e o gengibre. Pressione em uma assadeira suíça (forma de gelatina) e leve à geladeira até firmar. Corte em quadrados.

Quadrados de Gengibre de Chocolate Deluxe

a partir de 24

100 g/4 onças/½ xícara de manteiga ou margarina

100g/4oz/½ xícara de açúcar mascavo doce

30 ml/2 colheres de sopa de cacau em pó (chocolate sem açúcar)

1 ovo, levemente batido

225 g/8 onças/2 xícaras de migalhas de biscoito de gengibre (cookies)

15 ml / 1 colher de sopa de gengibre cristalizado (cristalizado) picado

100 g/4 onças/1 xícara de chocolate amargo (meio-doce)

Derreta a manteiga ou margarina, depois acrescente o açúcar e o cacau até misturar bem. Misture o ovo, as migalhas de biscoito e o gengibre. Pressione em uma assadeira suíça (forma de gelatina) e leve à geladeira até firmar.

> **Derreta o chocolate em uma tigela refratária colocada sobre uma panela com água fervente. Distribua sobre o bolo e deixe solidificar. Corte em quadrados quando o chocolate estiver quase duro.**

Biscoitos de chocolate e mel

de 12

225g/8oz/1 xícara de manteiga ou margarina

30 ml/2 colheres de sopa de mel claro

90ml/6 colheres de sopa de alfarroba ou cacau em pó (chocolate sem açúcar)

225 g/8 onças/2 xícaras de migalhas de biscoito doce (biscoitos)

Derreta a manteiga ou margarina, o mel e a alfarroba ou cacau em pó em uma panela até misturar bem. Misture as migalhas de biscoito. Despeje em uma forma quadrada de 20cm untada e enfarinhada e deixe esfriar, depois corte em quadrados.

mil-folhas de chocolate

Rende um bolo de 450g/1lb

½ pt/1¼ xícaras/300 mL de creme duplo (espessura)

225 g/8 onças/2 xícaras de chocolate amargo (meio-doce), quebrado

5 ml/1 colher de chá de essência de baunilha (extrato)

20 biscoitos simples (cookies)

Aqueça o creme de leite em uma panela em fogo baixo até quase ferver. Retire do fogo e acrescente o chocolate, mexa, tampe e deixe descansar por 5 minutos. Adicione a essência de baunilha e mexa até ficar bem misturado, depois leve à geladeira até que a mistura comece a engrossar.

Forre uma assadeira de 450 g/1 lb (forma de molde) com filme plástico (folha). Espalhe uma camada de chocolate no fundo e arrume algumas camadas de biscoitos por cima. Continue colocando o chocolate e os biscoitos em camadas até usá-los. Finalize com uma camada de chocolate. Cubra com filme transparente e leve à geladeira por pelo menos 3 horas. Desenforme o bolo e retire a película transparente.

Boas barras de chocolate

de 12

100 g/4 onças/½ xícara de manteiga ou margarina

30 ml/2 colheres de sopa de xarope dourado (milho light)

30 ml/2 colheres de sopa de cacau em pó (chocolate sem açúcar)

1 pacote/8 oz/225 g Biscoitos finos ou simples (cookies), picados grosseiramente

100 g/4 onças/1 xícara de chocolate amargo (meio-doce), em cubos

Derreta a manteiga ou margarina e a calda, retire do fogo e misture o cacau e os biscoitos esfarelados. Distribua a mistura em uma forma quadrada de 23 cm e nivele a superfície. Derreta o chocolate em uma tigela refratária sobre uma panela com água fervente e espalhe por cima. Deixe esfriar um pouco, corte em barras ou quadrados e leve à geladeira até firmar.

Quadrados De Bombons De Chocolate

de 12

100 g/4 onças/½ xícara de manteiga ou margarina

30 ml/2 colheres de sopa de açúcar granulado (surfin)

15 ml/1 colher de sopa de xarope dourado (milho claro)

15 ml/1 colher de sopa de achocolatado em pó

8 oz/225 g de biscoitos tipo Graham, triturados

200 g/7 onças/1¾ xícara de chocolate amargo (meio-doce)

100 g/4 onças/1 xícara de nozes mistas picadas

Em uma panela, derreta a manteiga ou margarina, o açúcar, a calda e o achocolatado. Deixe ferver e depois ferva por 40 segundos. Retire do fogo e misture os biscoitos e as nozes. Pressione em uma assadeira untada de 11 x 7 polegadas / 28 x 18 cm. Derreta o chocolate em uma tigela refratária sobre uma panela com água fervente. Espalhe sobre os biscoitos e deixe esfriar, depois leve à geladeira por 2 horas antes de cortar em quadrados.

chips de coco

de 12

100 g/4 onças/1 xícara de chocolate amargo (meio-doce)

30 ml/2 colheres de sopa de leite

30 ml/2 colheres de sopa de xarope dourado (milho light)

4 oz/100 g de cereal de arroz tufado

50 g/2 onças/½ xícara de coco ralado (ralado)

Derreta o chocolate, o leite e a calda em uma panela. Retire do lume e junte os cereais e o coco. Despeje em forminhas de papel (embalagens de cupcake) e deixe solidificar.

Barras crocantes

de 12

175g/6 onças/¾ xícara de manteiga ou margarina

50g/2oz/¼ xícara de açúcar mascavo doce

30 ml/2 colheres de sopa de xarope dourado (milho light)

45 ml/3 colheres de sopa de cacau em pó (chocolate sem açúcar)

75 g/3 onças/½ xícara de passas ou passas (passas douradas)

350 g/12 onças/3 xícaras de cereal de aveia crocante

225 g/8 oz/2 xícaras de chocolate amargo (meio-doce)

Derreta a manteiga ou margarina com o açúcar, a calda e o cacau. Misture passas ou passas e cereais. Pressione a mistura em uma forma untada de 25cm/12 polegadas. Derreta o chocolate em uma tigela refratária sobre uma panela com água fervente. Espalhe sobre as barras e deixe esfriar, depois refrigere antes de cortar em barras.

Croquetes de coco e passas

de 12

100g/4oz/1 xícara de chocolate branco

30 ml/2 colheres de sopa de leite

30 ml/2 colheres de sopa de xarope dourado (milho light)

6 oz/175 g de cereal de arroz tufado

50 g/2 onças/1/3 xícara de passas

Derreta o chocolate, o leite e a calda em uma panela. Retire do lume e junte os cereais e as passas. Despeje em forminhas de papel (embalagens de cupcake) e deixe solidificar.

Quadradinhos de café com leite

de 20

25 g / 1 oz / 2 colheres de sopa de gelatina em pó

75ml/5 colheres de sopa de água fria

225 g/8 onças/2 xícaras de migalhas de biscoito simples

2 onças/¼ xícara/50 g de manteiga ou margarina, derretida

400 g/14 onças/1 lata grande de leite evaporado

2/3 xícara/5 onças/150 g de açúcar em pó (superfino)

14 fl oz/1¾ xícaras de café preto forte e gelado

Chantilly e rodelas de laranja cristalizadas (cristalizadas) para decorar

Polvilhe a gelatina sobre a água em uma tigela e deixe até ficar esponjoso. Coloque a tigela em uma panela com água quente e deixe até dissolver. Deixe esfriar um pouco. Misture as migalhas de biscoito na manteiga derretida e pressione no fundo e nas laterais de uma forma retangular de 30 x 20 cm untada. Bata o leite evaporado até engrossar, depois acrescente aos poucos o açúcar, depois a gelatina dissolvida e o café. Despeje sobre a base e leve à geladeira até firmar. Corte em quadrados e decore com chantilly e rodelas de laranja cristalizadas.

Bolo de frutas sem forno

Faz um bolo de 9"/23cm

450 g/1 lb/2 2/3 xícaras de nozes mistas (mistura de torta de frutas)

450 g/1 lb de biscoitos simples (biscoitos), picados

100 g/4 onças/½ xícara de manteiga ou margarina, derretida

100g/4oz/½ xícara de açúcar mascavo doce

400g/14oz/1 lata grande de leite condensado

5 ml/1 colher de chá de essência de baunilha (extrato)

Misture todos os ingredientes até ficar bem misturado. Despeje em uma forma untada e aderente (foil) forrada de 23cm / 9in e pressione para baixo. Refrigere até ficar firme.

quadrados frutados

Rende cerca de 12

100 g/4 onças/½ xícara de manteiga ou margarina

100g/4oz/½ xícara de açúcar mascavo doce

400g/14oz/1 lata grande de leite condensado

5 ml/1 colher de chá de essência de baunilha (extrato)

250 g/9 oz/1½ xícara de nozes mistas (mistura de torta de frutas)

100 g/4 onças/½ xícara de cerejas cristalizadas

50 g/2 onças/½ xícara de nozes mistas picadas

400 g/14 onças de biscoitos simples (biscoitos), triturados

Derreta a manteiga ou margarina e o açúcar em fogo baixo. Adicione o leite condensado e a essência de baunilha e retire do fogo. Misture os ingredientes restantes. Pressione em uma assadeira suíça untada (forma de gelatina) e leve à geladeira por 24 horas até firmar. Corte em quadrados.

Biscoitos de frutas e fibras

de 12

100 g/4 onças/1 xícara de chocolate amargo (meio-doce)

2 oz/¼ xícara/50g de manteiga ou margarina

15 ml/1 colher de sopa de xarope dourado (milho claro)

100 g/4 onças/1 xícara de cereal matinal com frutas e fibras

Derreta o chocolate em uma tigela refratária sobre uma panela com água fervente. Misture a manteiga ou margarina e a calda. Misture os cereais. Despeje em forminhas de papel (embalagens de cupcake) e deixe esfriar e solidificar.

Bolo de camadas de nougat

Rende um bolo de 900g/2lb

15 g/½ oz/1 colher de sopa de gelatina em pó

100ml/3½ fl oz/6½ colheres de sopa de água

1 pacote de esponjas pequenas

8 oz/1 xícara de manteiga ou margarina, amolecida

50 g/2 onças/¼ xícara de açúcar refinado (superfino)

400g/14oz/1 lata grande de leite condensado

5ml/1 colher de chá de suco de limão

5 ml/1 colher de chá de essência de baunilha (extrato)

5ml/1 colher de chá de creme de tártaro

2/3 xícara/4 onças/100 g de nozes mistas (mistura de bolo de frutas), picadas

Polvilhe a gelatina sobre a água em uma tigela pequena e coloque a tigela em uma panela com água quente até que a gelatina fique transparente. Deixe esfriar um pouco. Forre uma forma de pão (lata) com papel alumínio de 900g/2lb de forma que o papel alumínio cubra o topo da forma, depois arrume metade dos pães de ló no fundo. Bata a manteiga ou margarina e o açúcar até formar um creme, depois envolva todos os outros ingredientes. Verta para a forma e coloque o restante pão-de-ló por cima. Cubra com papel alumínio e coloque um peso por cima. Refrigere até ficar firme.

Quadrados de leite e noz-moscada

de 20

Para a base:

225 g/8 onças/2 xícaras de migalhas de biscoito simples

30 ml/2 colheres de sopa de açúcar mascavo

2,5 ml/½ colher de chá de noz-moscada ralada

100 g/4 onças/½ xícara de manteiga ou margarina, derretida

Para o recheio:

1,2 litros/2 qts/5 xícaras de leite

25 g/1 oz/2 colheres de sopa de manteiga ou margarina

2 ovos separados

225 g/8 onças/1 xícara de açúcar de confeiteiro (superfino)

100 g/4 onças/1 xícara de fubá (amido de milho)

50 g/2 onças/½ xícara de farinha de trigo (para todos os fins)

5 ml/1 colher de chá de fermento em pó

Uma pitada de noz moscada ralada

noz-moscada ralada para polvilhar

Para preparar a base, misture as migalhas de biscoito, o açúcar e a noz-moscada na manteiga ou margarina derretida e pressione no fundo de uma forma untada de 12 x 8 polegadas/30 x 20 cm.

Para preparar o recheio, ferva 1¾ xícaras/1 litro/4¼ xícaras de leite em uma panela grande. Adicione a manteiga ou margarina. Bata as gemas com o restante do leite. Adicione o açúcar, o amido de milho, a farinha, o fermento e a noz-moscada. Bata um pouco do leite fervente na mistura de gema de ovo até formar uma pasta, em seguida, misture a pasta no leite fervente, mexendo sempre em fogo baixo por alguns minutos até engrossar. Retire do fogo. Bata as claras até ficarem firmes e depois incorpore-as à mistura. Despeje sobre a base e polvilhe generosamente com noz-moscada. Deixe esfriar, leve à geladeira e corte em quadrados antes de servir.

muesli crocante

Faz cerca de 16 quadrados

400 g/14 onças/3½ xícaras de chocolate amargo (meio-doce)

45 ml/3 colheres de sopa de xarope dourado (milho light)

25 g/1 oz/2 colheres de sopa de manteiga ou margarina

Aproximadamente 225g/8oz/2/3 xícaras de granola

Derreta metade do chocolate, a calda e a manteiga ou margarina. Aos poucos, misture granola suficiente para fazer uma mistura espessa. Pressione em uma assadeira suíça untada (forma de rocambole). Derreta o restante do chocolate e alise a superfície. Deixe esfriar na geladeira antes de cortar em quadrados.

Quadrados de mousse de laranja

de 20

25 g / 1 oz / 2 colheres de sopa de gelatina em pó

75ml/5 colheres de sopa de água fria

225 g/8 onças/2 xícaras de migalhas de biscoito simples

2 onças/¼ xícara/50 g de manteiga ou margarina, derretida

400 g/14 onças/1 lata grande de leite evaporado

2/3 xícara/5 onças/150 g de açúcar em pó (superfino)

400 ml/14 fl oz/1¾ xícara de suco de laranja

Chantilly e chocolates para decorar

Polvilhe a gelatina sobre a água em uma tigela e deixe até ficar esponjoso. Coloque a tigela em uma panela com água quente e deixe até dissolver. Deixe esfriar um pouco. Misture as migalhas de biscoito na manteiga derretida e pressione no fundo e nas laterais de uma forma rasa de 12 x 8 polegadas / 30 x 20 cm. Bata o leite até engrossar e, aos poucos, acrescente o açúcar, depois a gelatina dissolvida e o suco de laranja. Despeje sobre a base e leve à geladeira até firmar. Corte em quadrados e decore com chantilly e chocolates.

quadradinhos de amendoim

dá 18

225 g/8 onças/2 xícaras de migalhas de biscoito simples

100 g/4 onças/½ xícara de manteiga ou margarina, derretida

8 oz/1 xícara de manteiga de amendoim crocante

25 g/1 oz/2 colheres de sopa de cerejas cristalizadas

25 g / 1 oz / 3 colheres de sopa de groselha

Misture todos os ingredientes até ficar bem misturado. Pressione em uma frigideira untada de 25 cm/12 polegadas e leve à geladeira até ficar firme, depois corte em quadrados.

Bolos De Caramelo De Hortelã

dá 16

400g/14oz/1 lata grande de leite condensado

600ml/1pt/2½ xícaras de leite

30 ml/2 colheres de sopa de creme em pó

225 g/8 onças/2 xícaras de migalhas de biscoito de graham

100 g/4 onças/1 xícara de chocolate com menta picado

Coloque a lata fechada de leite condensado em uma panela com água suficiente para cobrir a lata. Deixe ferver, tampe e cozinhe por 3 horas, adicionando água fervente se necessário. Deixe esfriar, abra a caixa e retire o caramelo.

Aqueça 2¼ xícaras/500ml de leite com o caramelo, leve ao fogo e mexa até dissolver. Misture o pó de creme em uma pasta com o leite restante, em seguida, mexa na panela e continue a ferver até engrossar, mexendo sempre. Polvilhe metade dos biscoitos esfarelados no fundo de uma forma quadrada de 20cm untada com manteiga, disponha metade do creme de caramelo por cima e polvilhe com metade do chocolate. Repita as camadas e deixe esfriar. Leve à geladeira e corte em porções para servir.

Bolachas de arroz

a partir de 24

175 g/6 onças/½ xícara de mel claro

225g/8 onças/1 xícara de açúcar refinado

60ml/4 colheres de sopa de água

350 g/12 onças/1 pacote de cereais de arroz tufado

100g/4oz/1 xícara de amendoim torrado

Derreta o mel, o açúcar e a água em uma panela grande e deixe esfriar por 5 minutos. Misture os grãos e o amendoim. Forme bolinhas, coloque em forminhas de papel (embalagens de cupcake) e deixe esfriar e solidificar.

Arroz e caramelo de chocolate

Rende 225g/8 onças

2 oz/¼ xícara/50g de manteiga ou margarina

30 ml/2 colheres de sopa de xarope dourado (milho light)

30 ml/2 colheres de sopa de cacau em pó (chocolate sem açúcar)

60 ml/4 colheres de sopa de açúcar granulado (surfin)

50 g/2 onças/½ xícara de arroz moído

Derreta a manteiga e o xarope. Misture o cacau e o açúcar até dissolver, depois acrescente o arroz moído. Deixe ferver delicadamente, abaixe o fogo e cozinhe por 5 minutos, mexendo sempre. Despeje em uma forma quadrada de 20cm untada e enfarinhada e deixe esfriar um pouco. Corte em quadrados e deixe esfriar completamente antes de desenformar.

pasta de amêndoa

Cobre o topo e as laterais de um bolo de 9"/23cm

225 g/8 onças/2 xícaras de amêndoas moídas

8 onças/11/3 xícaras/225 g de açúcar de confeiteiro, peneirado

225 g/8 onças/1 xícara de açúcar de confeiteiro (superfino)

2 ovos, ligeiramente batidos

10 ml/2 colheres de chá de suco de limão

Algumas gotas de essência de amêndoa (extrato)

Bata as amêndoas e os açúcares. Aos poucos, incorpore o restante dos ingredientes até obter uma pasta lisa. Embrulhe em película aderente (folha) e leve ao frio antes de usar.

maçapão sem açúcar

Cobre o topo e as laterais de um bolo de 6"/15cm

100 g/4 onças/1 xícara de amêndoas moídas

50 g/2 onças/½ xícara de frutose

25 g/1 oz/¼ xícara de farinha de milho (amido de milho)

1 ovo, levemente batido

Misture todos os ingredientes até obter uma massa lisa. Embrulhe em película aderente (folha) e leve ao frio antes de usar.

glacê real

Cobre o topo e as laterais de um bolo de 8"/20cm

5ml/1 colher de chá de suco de limão

2 claras de ovo

22/3 xícaras/1 lb/450 g de açúcar de confeiteiro, peneirado

5 ml/1 colher de chá de glicerina (opcional)

Combine o suco de limão e as claras e bata gradualmente no açúcar de confeiteiro até que o glacê (glacê) esteja liso e branco e cubra as costas de uma colher. Algumas gotas de glicerina evitarão que o glacê fique muito quebradiço. Cubra com um pano de prato úmido e deixe descansar por 20 minutos para permitir que as bolhas de ar subam à superfície.

A cobertura dessa consistência pode ser derramada sobre o bolo e alisada com uma faca umedecida em água quente. Para a tubulação, adicione açúcar em pó adicional para que a cobertura fique firme o suficiente para manter os picos.

glacê sem açúcar

Rende o suficiente para cobrir um bolo de 6"/15cm

50 g/2 onças/½ xícara de frutose

Uma pitada de sal

1 clara de ovo

2,5ml/½ colher de chá de suco de limão

Misture a frutose em pó em um processador de alimentos até ficar tão fino quanto o açúcar em pó. Misture o sal. Transfira para uma tigela refratária e misture a clara de ovo e o suco de limão. Coloque a tigela sobre uma panela com água fervente e continue mexendo até formar picos firmes. Retire do fogo e bata até esfriar.

esmalte fondant

Rende o suficiente para cobrir um bolo de 8"/20cm

450 g/1 lb/2 xícaras de açúcar refinado (superfino) ou açúcar granulado

150ml/¼ pt/2/3 xícara de água

15 ml/1 colher de sopa de glicose líquida ou 2,5 ml/½ colher de chá de creme de tártaro

Dissolva o açúcar na água em uma panela grande de fundo grosso em fogo baixo. Limpe as laterais da panela com um pincel embebido em água fria para evitar a formação de cristais. Dissolva o cremor de tártaro em um pouco de água e mexa na panela. Deixe ferver e ferva constantemente a 115°C/242°F quando uma gota de glacê forma uma bola macia quando jogada em água fria. Despeje lentamente a calda em uma tigela refratária e deixe até formar uma película. Bata o glacê com uma colher de pau até ficar opaco e firme. Amasse até ficar homogêneo. Aqueça em uma tigela resistente ao calor sobre uma panela de água quente para amolecer, se necessário.

Cobertura de Buttercream

Rende o suficiente para rechear e cobrir um bolo de 20 cm

100 g/4 onças/½ xícara de manteiga ou margarina, amolecida

8 onças/11/3 xícaras/225 g de açúcar de confeiteiro, peneirado

30 ml/2 colheres de sopa de leite

Bata a manteiga ou margarina até ficar macia. Aos poucos, misture o açúcar em pó e o leite até misturar bem.

cobertura de chocolate

Rende o suficiente para rechear e cobrir um bolo de 20 cm

30 ml/2 colheres de sopa de cacau em pó (chocolate sem açúcar)

15 ml/1 colher de sopa de água fervente

100 g/4 onças/½ xícara de manteiga ou margarina, amolecida

8 onças/11/3 xícaras/225 g de açúcar de confeiteiro, peneirado

15 ml/1 colher de sopa de leite

Misture a massa de cacau com a água fervente e deixe esfriar. Bata a manteiga ou margarina até ficar macia. Aos poucos, misture a mistura de açúcar em pó, leite e cacau até misturar bem.

Glacê de creme de manteiga de chocolate branco

Rende o suficiente para rechear e cobrir um bolo de 20 cm

100g/4oz/1 xícara de chocolate branco

100 g/4 onças/½ xícara de manteiga ou margarina, amolecida

8 onças/11/3 xícaras/225 g de açúcar de confeiteiro, peneirado

15 ml/1 colher de sopa de leite

Derreta o chocolate em uma tigela refratária colocada sobre uma panela com água levemente fervente e deixe esfriar um pouco. Bata a manteiga ou margarina até ficar macia. Aos poucos, misture o açúcar de confeiteiro, o leite e o chocolate até misturar bem.

Cobertura De Manteiga De Café

Rende o suficiente para rechear e cobrir um bolo de 20 cm

100 g/4 onças/½ xícara de manteiga ou margarina, amolecida

8 onças/11/3 xícaras/225 g de açúcar de confeiteiro, peneirado

15 ml/1 colher de sopa de leite

15 ml/1 colher de sopa de essência de café (extrato)

Bata a manteiga ou margarina até ficar macia. Aos poucos, misture o açúcar de confeiteiro, o leite e a essência de café até misturar bem.

Cobertura De Manteiga De Limão

Rende o suficiente para rechear e cobrir um bolo de 20 cm

100 g/4 onças/½ xícara de manteiga ou margarina, amolecida

8 onças/11/3 xícaras/225 g de açúcar de confeiteiro, peneirado

30 ml/2 colheres de sopa de suco de limão

raspas de 1 limão

Bata a manteiga ou margarina até ficar macia. Aos poucos, misture o açúcar de confeiteiro, o suco de limão e as raspas até misturar bem.

Esmalte de creme de laranja

Rende o suficiente para rechear e cobrir um bolo de 20 cm

100 g/4 onças/½ xícara de manteiga ou margarina, amolecida

8 onças/11/3 xícaras/225 g de açúcar de confeiteiro, peneirado

30 ml/2 colheres de sopa de suco de laranja

raspas de 1 laranja

Bata a manteiga ou margarina até ficar macia. Aos poucos, misture o açúcar de confeiteiro, o suco de laranja e as raspas até misturar bem.

Glacê de queijo

Rende o suficiente para cobrir um bolo de 9"/25cm

75 g/3 onças/1/3 xícara de cream cheese

30 ml/2 colheres de sopa de manteiga ou margarina

2 xícaras/12 oz/350 g de açúcar em pó (confeitaria), peneirado

5 ml/1 colher de chá de essência de baunilha (extrato)

Bata o queijo e a manteiga ou margarina até obter um creme claro e fofo. Adicione gradualmente o açúcar de confeiteiro e a essência de baunilha até obter um glacê liso e cremoso.

Esmalte de laranja

Rende o suficiente para cobrir um bolo de 9"/25cm

250 g de açúcar de confeiteiro (glacê), peneirado

30ml/2 colheres de sopa de manteiga ou margarina, amolecida

Algumas gotas de essência de amêndoa (extrato)

60ml/4 colheres de sopa de suco de laranja

Coloque o açúcar de confeiteiro em uma tigela e misture a manteiga ou margarina e a essência de amêndoa. Aos poucos, misture suco de laranja suficiente para fazer um glacê firme.

Esmalte de licor de laranja

Rende o suficiente para cobrir um bolo de 8"/20cm

100 g/4 onças/½ xícara de manteiga ou margarina, amolecida

22/3 xícaras/1 lb/450 g de açúcar de confeiteiro, peneirado

60 ml/4 colheres de sopa de licor de laranja

15 ml / 1 colher de sopa de casca de laranja ralada

Bata a manteiga ou margarina e o açúcar até obter um creme claro e fofo. Misture licor de laranja suficiente para obter uma consistência para barrar e, em seguida, adicione as raspas de laranja.

anel de bolinho de mel

Faça um anel de 20 cm/8 polegadas

Para a massa:

100 g/4 onças/½ xícara de manteiga ou margarina

350 g/12 onças/3 xícaras de farinha com fermento (com fermento)

Uma pitada de sal

1 ovo

150ml/¼ pt/2/3 xícara de leite

Para o recheio:

100 g/4 onças/½ xícara de manteiga ou margarina, amolecida

60ml/4 colheres de sopa de mel claro

15 ml / 1 colher de sopa de açúcar demerara

Para fazer a massa, esfregue a manteiga ou margarina na farinha e sal até que a mistura pareça uma farinha de rosca. Bata o ovo e o leite e adicione a mistura de farinha suficiente para fazer uma massa macia. Estenda em uma superfície levemente enfarinhada em um quadrado de 30 cm.

Para fazer o recheio, bata a manteiga ou margarina e o mel. Separe 15ml/1 colher de sopa da mistura e espalhe o restante sobre a massa. Enrole como um rolo suíço (geléia) e corte em oitavas fatias. Arrume as fatias em uma forma de 20cm untada com manteiga, sete na borda e uma no centro. Regue com a mistura de mel reservada e polvilhe com açúcar. Asse os scones em forno pré-aquecido a 190°C/termostato 5 por 30 minutos até dourar. Deixe esfriar na forma por 10 minutos antes de desenformar sobre uma gradinha para completar o resfriamento.

Bolinhos de granola

Faz 8 cunhas

100g/4oz/1 xícara de granola

150ml/¼ pt/2/3 xícara de água

2 oz/¼ xícara/50g de manteiga ou margarina

100 g/4 onças/1 xícara de farinha de trigo comum (para todos os fins) ou integral (integral)

10 ml / 2 colheres de chá de fermento em pó

50 g/2 onças/1/3 xícara de passas

1 ovo batido

Demolhe a granola em água durante 30 minutos. Esfregue a manteiga ou margarina na farinha e no fermento até formar uma farofa, acrescente as passas e a granola embebida e misture até formar uma massa macia. Forme um círculo de 20 cm e alise-o em uma assadeira untada. Corte parcialmente em oito seções e pincele com o ovo batido. Asse em forno pré-aquecido a 230°C/termostato 8 por cerca de 20 minutos até dourar.

Scones de passas de laranja

de 12

2 oz/¼ xícara/50g de manteiga ou margarina

225 g/8 onças/2 xícaras de farinha simples (para todos os fins)

2,5 ml/½ colher de chá de bicarbonato de sódio (bicarbonato de sódio)

100g/4 onças/2/3 xícaras de passas

5 ml/1 colher de chá de casca de laranja ralada

60ml/4 colheres de sopa de suco de laranja

60 ml/4 colheres de sopa de leite

Congele o leite

Esfregue a manteiga ou margarina na farinha e no bicarbonato de sódio e, em seguida, adicione as passas e as raspas de laranja. Misture o suco de laranja e o leite até formar uma massa macia. Estenda sobre uma superfície levemente enfarinhada até uma espessura de cerca de 2,5 cm e corte em rodelas com um cortador de massa. Coloque os scones (biscoitos) em uma assadeira untada e pincele a superfície com o leite. Asse em forno pré-aquecido a 200°C/400°F/termostato 6 por 15 minutos até dourar levemente.

Muffins de Pera

de 12

2 oz/¼ xícara/50g de manteiga ou margarina

225 g/8 onças/2 xícaras de farinha com fermento (com fermento)

25 g/1 oz/2 colheres de sopa de açúcar de confeiteiro (superfino)

1 pêra firme, descascada, sem caroço e picada

150ml/¼ pt/2/3 xícara de iogurte natural

30 ml/2 colheres de sopa de leite

Esfregue a manteiga ou margarina na farinha. Incorpore o açúcar e a pêra, depois incorpore o iogurte até obter uma pasta mole, adicionando um pouco de leite se necessário. Estenda sobre uma superfície levemente enfarinhada até uma espessura de cerca de 2,5 cm e corte em rodelas com um cortador de massa. Disponha os scones (biscoitos) em uma assadeira untada e leve ao forno pré-aquecido a 230°C/termostato 8 por 10-15 minutos até ficarem fofos e dourados.

bolinhos de batata

de 12

2 oz/¼ xícara/50g de manteiga ou margarina

225 g/8 onças/2 xícaras de farinha com fermento (com fermento)

Uma pitada de sal

175g/6 onças/¾ xícara de purê de batatas cozidas

60 ml/4 colheres de sopa de leite

Esfregue a manteiga ou margarina na farinha e no sal. Junte o purê de batatas e o leite suficiente para formar uma massa macia. Estenda sobre uma superfície levemente enfarinhada até uma espessura de cerca de 2,5 cm e corte em rodelas com um cortador de massa. Arrume os scones (biscoitos) em uma assadeira levemente untada e leve ao forno pré-aquecido a 200°C/400°F/termostato 6 por 15-20 minutos até dourar levemente.

scones de passas

de 12

75 g/3 onças/½ xícara de passas

225 g/8 onças/2 xícaras de farinha simples (para todos os fins)

2,5ml/½ colher de chá de sal

15 ml / 1 colher de sopa de fermento em pó

25 g/1 oz/2 colheres de sopa de açúcar de confeiteiro (superfino)

2 oz/¼ xícara/50g de manteiga ou margarina

120 ml/4 fl oz/½ xícara de creme de leite (light)

1 ovo batido

Mergulhe as passas em água quente por 30 minutos e depois escorra. Misture os ingredientes secos e acrescente a manteiga ou margarina. Incorpore as natas e o ovo até obter uma massa mole. Divida em três bolas, abra com cerca de 1 cm de espessura e coloque em uma assadeira untada. Corte cada um em quartos. Asse os scones (biscoitos) em forno pré-aquecido a 230°C/termostato 8 por cerca de 10 minutos até dourar.

Scones de Melaço

de 10

225 g/8 onças/2 xícaras de farinha simples (para todos os fins)

10 ml / 2 colheres de chá de fermento em pó

2,5ml/½ colher de chá de canela em pó

2 oz/50 g/¼ xícara de manteiga ou margarina, em cubos

25 g/1 oz/2 colheres de sopa de açúcar de confeiteiro (superfino)

30 ml/2 colheres de sopa de melaço de crock preto (melaço)

150ml/¼ pt/2/3 xícara de leite

Misture a farinha, o fermento e a canela. Esfregue a manteiga ou margarina, depois acrescente o açúcar, o melaço e leite suficiente para formar uma massa macia. Estenda com 1 cm/½ polegada de espessura e corte em rodelas de 5 cm/2 polegadas com um cortador de biscoitos. Disponha os scones (biscoitos) em uma assadeira untada com manteiga e leve ao forno pré-aquecido a 220°C/termostato 7 por 10-15 minutos, até que fiquem bem folhados e dourados.

Scones de melaço de gengibre

de 12

400 g/14 onças/3½ xícaras de farinha comum (para todos os fins)

50 g/2 onças/½ xícara de farinha de arroz

5 ml/1 colher de chá de bicarbonato de sódio (bicarbonato de sódio)

2,5ml/½ colher de chá de creme de tártaro

10ml/2 colheres de chá de gengibre em pó

2,5ml/½ colher de chá de sal

10 ml/2 colheres de chá de açúcar de confeiteiro (surfin)

2 oz/¼ xícara/50g de manteiga ou margarina

30 ml/2 colheres de sopa de melaço de crock preto (melaço)

300 ml/½ pt/1¼ xícara de leite

Misture os ingredientes secos. Esfregue na manteiga ou margarina até que a mistura se assemelhe a farinha de rosca. Misture o melaço e leite suficiente para fazer uma massa macia, mas não pegajosa. Sove delicadamente em uma superfície levemente enfarinhada, abra e corte em rodelas com um cortador de biscoitos de 7,5 cm. Disponha os scones (biscoitos) em uma assadeira (biscoito) untada e pincele com o restante do leite. Asse em forno pré-aquecido a 220°C/termostato 7 por 15 minutos, até que fiquem crocantes e dourados.

scones de sultana

de 12

225 g/8 onças/2 xícaras de farinha simples (para todos os fins)

Uma pitada de sal

2,5 ml/½ colher de chá de bicarbonato de sódio (bicarbonato de sódio)

2,5ml/½ colher de chá de creme de tártaro

2 oz/¼ xícara/50g de manteiga ou margarina

25 g/1 oz/2 colheres de sopa de açúcar de confeiteiro (superfino)

2 oz/50 g/1/3 xícara de passas (passas douradas)

7,5 ml/½ colher de sopa de suco de limão

150ml/¼ pt/2/3 xícara de leite

Misture a farinha, o sal, o bicarbonato de sódio e o creme de tártaro. Esfregue na manteiga ou margarina até que a mistura se assemelhe a farinha de rosca. Misture o açúcar e as passas. Misture o suco de limão no leite e acrescente aos poucos os ingredientes secos até formar uma massa macia. Amasse levemente, abra com cerca de ½"/1cm de espessura e corte em rodelas de 2"/5cm com um cortador de biscoitos. Coloque os scones (biscoitos) em uma assadeira untada e asse em forno pré-aquecido a 230°C/450°F/termostato 8 por cerca de 10 minutos, até ficarem dourados.

Scones integrais de melaço

de 12

100 g / 4 onças / 1 xícara de farinha de trigo integral (integral).

100 g/4 oz/1 xícara de farinha simples (para todos os fins)

25 g/1 oz/2 colheres de sopa de açúcar de confeiteiro (superfino)

2,5ml/½ colher de chá de creme de tártaro

2,5 ml/½ colher de chá de bicarbonato de sódio (bicarbonato de sódio)

5ml/1 colher de chá. colher de chá de mistura de especiarias (torta de maçã)

2 oz/¼ xícara/50g de manteiga ou margarina

30 ml/2 colheres de sopa de melaço de crock preto (melaço)

100ml/3½ fl oz/6½ colheres de sopa de leite

Misture os ingredientes secos e acrescente a manteiga ou margarina. Aqueça o melaço e misture-o aos ingredientes com leite suficiente para formar uma pasta macia. Estenda em uma superfície levemente enfarinhada até uma espessura de ½ polegada / 1 cm e corte em rodelas com um cortador de biscoitos. Disponha os scones (biscoitos) em uma assadeira untada e enfarinhada e pincele com o leite. Asse em forno pré-aquecido a 190°C/termostato 5 por 20 minutos.

Scones com iogurte

de 12

200 g/7 onças/1¾ xícara de farinha comum (para todos os fins)

25 g/1 oz/¼ xícara de farinha de arroz

10 ml / 2 colheres de chá de fermento em pó

Uma pitada de sal

15 ml / 1 colher de sopa de açúcar granulado (surfin)

2 oz/¼ xícara/50g de manteiga ou margarina

150ml/¼ pt/2/3 xícara de iogurte natural

Misture as farinhas, o fermento, o sal e o açúcar. Esfregue na manteiga ou margarina até que a mistura se assemelhe a farinha de rosca. Incorpore o iogurte até obter uma massa macia mas não pegajosa. Abra sobre uma superfície enfarinhada até obter uma espessura de cerca de 2 cm e corte em rodelas de 5 cm com um cortador de biscoitos. Coloque em uma assadeira untada e asse em forno pré-aquecido a 200°C/400°F/termostato 6 por cerca de 15 minutos até crescer e dourar.

Scones de queijo

de 12

225 g/8 onças/2 xícaras de farinha simples (para todos os fins)

2,5ml/½ colher de chá de sal

15 ml / 1 colher de sopa de fermento em pó

2 oz/¼ xícara/50g de manteiga ou margarina

100 g/4 onças/1 xícara de queijo cheddar, ralado

150ml/¼ pt/2/3 xícara de leite

Misture a farinha, o sal e o fermento. Esfregue na manteiga ou margarina até que a mistura se assemelhe a farinha de rosca. Misture o queijo. Adicione o leite aos poucos até obter uma massa macia. Amasse levemente, abra com cerca de ½"/1cm de espessura e corte em rodelas de 2"/5cm com um cortador de biscoitos. Coloque os scones (biscoitos) em uma assadeira untada e leve ao forno pré-aquecido a 220°C/425°F/termostato 7 por 12-15 minutos até crescer e dourar por cima. Sirva quente ou frio.

Muffins integrais com ervas

de 12

100 g/4 onças/½ xícara de manteiga ou margarina

175g/6oz/1¼ xícara de farinha de trigo integral (integral).

50 g/2 onças/½ xícara de farinha de trigo (para todos os fins)

10 ml / 2 colheres de chá de fermento em pó

30 ml/2 colheres de sopa de sálvia ou tomilho fresco picado

150ml/¼ pt/2/3 xícara de leite

Esfregue a manteiga ou margarina na farinha e no fermento até que a mistura se pareça com migalhas de pão. Misture as ervas e leite suficiente para fazer uma massa macia. Amasse levemente, abra com cerca de ½"/1cm de espessura e corte em rodelas de 2"/5cm com um cortador de biscoitos. Coloque os scones (biscoitos) em uma assadeira untada e pincele a superfície com o leite. Asse em forno pré-aquecido a 220°C/termostato 7 por 10 minutos, até que fiquem crocantes e dourados.

Scones de salame e queijo

para 4 pessoas

2 oz/¼ xícara/50g de manteiga ou margarina

225 g/8 onças/2 xícaras de farinha com fermento (com fermento)

Uma pitada de sal

2 oz/50 g de salame picado

75 g de queijo cheddar ralado

75ml/5 colheres de sopa de leite

Esfregue a manteiga ou margarina na farinha e sal até que a mistura se assemelhe a farinha de rosca. Adicione o salame e o queijo, depois acrescente o leite e misture até obter uma massa macia. Forme um círculo de 20 cm e achate-o levemente. Disponha os scones (biscoitos) em uma assadeira untada e leve ao forno pré-aquecido a 220°C/termostato 7 por 15 minutos até dourar.

scones inteiros

de 12

175 g/6 oz/1½ xícara de farinha de trigo integral (integral).

50 g/2 onças/½ xícara de farinha de trigo (para todos os fins)

15 ml / 1 colher de sopa de fermento em pó

Uma pitada de sal

2 oz/¼ xícara/50g de manteiga ou margarina

50 g/2 onças/¼ xícara de açúcar refinado (superfino)

150ml/¼ pt/2/3 xícara de leite

Misture as farinhas, o fermento e o sal. Esfregue na manteiga ou margarina até que a mistura se assemelhe a farinha de rosca. Misture o açúcar. Adicione o leite aos poucos até obter uma massa macia. Amasse levemente, abra com cerca de ½"/1cm de espessura e corte em rodelas de 2"/5cm com um cortador de biscoitos. Disponha os scones (bolachas) num tabuleiro untado com manteiga e leve ao forno pré-aquecido a 230°C/termostato 8 cerca de 15 minutos, até estarem folhados e dourados. Servir quente.

Conkies de Barbados

de 12

350g/12 onças de abóbora ralada

225 g de batata-doce ralada

1 coco ralado grande ou 225 g 2 xícaras de coco ralado (picado)

350 g/12 onças/1½ xícara de açúcar mascavo doce

5ml/1 colher de chá. temperos mistos moídos (torta de maçã)

5 ml/1 colher de chá de noz-moscada ralada

5ml/1 colher de chá de sal

5ml/1 colher de chá de essência de amêndoa (extrato)

100g/4 onças/2/3 xícaras de passas

350 g/12 onças/3 xícaras de fubá

100 g / 4 onças / 1 xícara de farinha com fermento (aumento automático).

6 oz/¾ xícara/175 g de manteiga ou margarina, derretida

300 ml/½ pt/1¼ xícara de leite

Junte a abóbora, a batata-doce e o coco. Incorpore o açúcar, as especiarias, o sal e a essência de amêndoa. Acrescente as passas, o fubá e a farinha e misture bem. Misture a manteiga ou margarina derretida com o leite e acrescente os ingredientes secos até misturar bem. Despeje cerca de 4 colheres de sopa/60 mL da mistura em um quadrado de papel alumínio, tomando cuidado para não encher demais. Dobre o papel alumínio em um pacote para que fique bem embrulhado e que nenhuma mistura fique descoberta. Repita com o restante da mistura. Cozinhe os conkies em uma gradinha sobre uma panela com água fervente por cerca de 1 hora até ficarem firmes e cozidos. Sirva quente ou frio.

biscoitos fritos de natal

de 40

2 oz/¼ xícara/50g de manteiga ou margarina

100 g/4 oz/1 xícara de farinha simples (para todos os fins)

2,5 ml/½ colher de chá de cardamomo moído

25 g/1 oz/2 colheres de sopa de açúcar de confeiteiro (superfino)

15 ml/1 colher de sopa de creme

5 ml/1 colher de chá de conhaque

1 ovo pequeno, batido

óleo de fritar

Açúcar de confeiteiro (confeitaria) para polvilhar

Esfregue a manteiga ou margarina na farinha e cardamomo até que a mistura se assemelhe a farinha de rosca. Misture o açúcar, depois acrescente as natas e o conhaque e o ovo conforme necessário até obter uma mistura bastante espessa. Cubra e refrigere por 1 hora.

Estenda em uma superfície levemente enfarinhada até uma espessura de ¼"/5 mm e corte em tiras de 4" x 1"/10 x 2,5 cm usando um cortador de biscoitos. Corte uma fenda no centro de cada tira com uma faca afiada. Puxe Corte uma das pontas na fenda formando um meio arco. Frite os biscoitos em porções em óleo bem quente por cerca de 4 minutos até dourar e ficarem fofinhos. Escorrer em papel toalha (papel toalha) e servir polvilhado com açúcar de confeiteiro.

bolos de fubá

de 12

100 g / 4 onças / 1 xícara de farinha com fermento (aumento automático).

100 g/4 onças/1 xícara de farinha de milho

5 ml/1 colher de chá de fermento em pó

15 g/½ oz/1 colher de sopa de açúcar de confeiteiro (superfino)

2 ovos

375ml/13oz/1½ xícara de leite

60ml/4 colheres de sopa de óleo

óleo de fritar

Misture os ingredientes secos e faça um buraco no centro. Bata os ovos, o leite e o óleo medido e, em seguida, misture os ingredientes secos. Aqueça um pouco de óleo em uma frigideira grande (refogue) e refogue (refogue) 60ml/4 colheres de sopa de massa até aparecerem bolhas por cima. Vire e doure do outro lado. Retire da panela e mantenha aquecido enquanto continua com o restante da massa. Servir quente.

scones

de 8

15 g/½ oz de fermento fresco ou 20 ml/4 colher de chá de fermento seco

5 ml/1 colher de chá de açúcar de confeiteiro (surfin)

300 ml/½ pt/1¼ xícara de leite

1 ovo

2¼ xícaras/9 onças/250 g de farinha comum (para todos os fins)

5ml/1 colher de chá de sal

óleo para untar

Misture o fermento e o açúcar com um pouco de leite até formar uma pasta, depois acrescente o restante do leite e o ovo. Misture o líquido com a farinha e o sal e misture até formar uma massa cremosa e espessa. Cubra e deixe em um lugar quente por 30 minutos até dobrar de tamanho. Aqueça uma chapa ou frigideira pesada (frigideira) e unte levemente. Coloque 7,5 cm/3 círculos de massa na plancha. (Se você não tiver círculos de cozimento, apare cuidadosamente a parte superior e inferior de uma frigideira pequena.) Despeje xícaras da mistura nos círculos e cozinhe por cerca de 5 minutos até que o fundo esteja dourado e o topo com caroços. Repita com o restante da mistura. Sirva grelhado.

rosquinhas

dá 16

300 ml/½ pt/1¼ xícara de leite morno

15 ml/1 colher de sopa de fermento seco

175 g/6 onças/¾ xícara de açúcar de confeiteiro (superfino)

450 g/1 lb/4 xícaras de farinha forte simples (pão)

5ml/1 colher de chá de sal

2 oz/¼ xícara/50g de manteiga ou margarina

1 ovo batido

óleo de fritar

5 ml/1 colher de chá de canela em pó

Misture o leite morno, o fermento, 5 mL/1 colher de chá de açúcar e 100 g/4 onças/1 xícara de farinha. Deixe em um lugar quente por 20 minutos até formar espuma. Combine a farinha restante, 2 oz/50 g/¼ xícara de açúcar e sal em uma tigela e adicione a manteiga ou margarina até que a mistura se assemelhe a farinha de rosca. Adicione a mistura de ovo e fermento e amasse bem até ficar homogêneo. Cubra e deixe em um lugar quente por 1 hora. Amasse novamente e abra com uma espessura de 2 cm. Corte discos com um cortador de biscoitos de 8 cm e recorte os centros com um cortador de biscoitos de 4 cm.

Coloque em uma assadeira (biscoito) untada e deixe crescer por 20 minutos. Aqueça o óleo até quase fumegar e frite os donuts, alguns de cada vez, por alguns minutos, até dourar. Seque bem. Coloque o açúcar restante e a canela em um saco e agite os donuts no saco até ficarem bem cobertos.

Panquecas de batata

a partir de 24

15 ml/1 colher de sopa de fermento seco

60ml/4 colheres de sopa de água morna

25 g/1 oz/2 colheres de sopa de açúcar de confeiteiro (superfino)

25 g/1 oz/2 colheres de sopa de banha (encurtamento)

1,5 ml/¼ colher de chá de sal

75 g/3 onças/1/3 xícara de purê de batatas

1 ovo batido

120 ml/4 fl oz/½ xícara de leite fervido

300 g/10 onças/2½ xícaras de farinha forte (pão)

óleo de fritar

Açúcar granulado para polvilhar

Dissolva o fermento em água morna com uma colher de chá de açúcar e faça espuma. Junte a banha, o restante açúcar e o sal. Misture a batata, a mistura de fermento, o ovo e o leite, acrescente aos poucos a farinha e misture até ficar homogêneo. Desenforme sobre uma superfície enfarinhada e amasse bem. Coloque em uma tigela untada, cubra com filme plástico (filme) e deixe em local aquecido por cerca de 1 hora até dobrar de tamanho.

Amasse novamente e abra até uma espessura de 1 cm. Corte os anéis com um cortador de biscoitos de 8 cm e depois corte os centros com um cortador de biscoitos de 4 cm para fazer os donuts. Deixe crescer até dobrar. Aqueça o óleo e frite os donuts até dourar. Polvilhe com açúcar e deixe esfriar.

Pão naan

de 6

2,5 ml/½ colher de chá de fermento seco

60ml/4 colheres de sopa de água morna

350 g/12 onças/3 xícaras de farinha simples (para todos os fins)

10 ml / 2 colheres de chá de fermento em pó

Uma pitada de sal

150ml/¼ pt/2/3 xícara de iogurte natural

Manteiga derretida para pincelar

Misture o fermento e a água morna e deixe em um lugar quente por 10 minutos até formar uma espuma. Misture a mistura de fermento com a farinha, o fermento e o sal e, em seguida, misture com o iogurte para formar uma massa macia. Amasse até não grudar mais. Coloque em uma tigela untada com óleo, cubra e deixe crescer por 8 horas.

Divida a massa em seis pedaços e abra-os em ovais com cerca de ¼ de polegada / 5 mm de espessura. Coloque em uma assadeira untada (biscoito) e pincele com manteiga derretida. Grelhe (grelhe) em uma grelha média (grelha para frangos) por cerca de 5 minutos até ficar levemente inchado, depois vire e pincele o outro lado com manteiga e grelhe por mais 3 minutos até ficar levemente inchado.

Bannock de aveia

Dê 4

100 g/4 onças/1 xícara de farinha de aveia média

2,5ml/½ colher de chá de sal

Uma pitada de bicarbonato de sódio (bicarbonato de sódio)

10ml / 2 colheres de chá de óleo

60ml/4 colheres de chá de água quente

Misture os ingredientes secos em uma tigela e faça um buraco no centro. Misture bastante óleo e água para fazer uma massa firme. Vire para uma superfície levemente enfarinhada e amasse até ficar homogêneo. Abra com cerca de 5 mm de espessura, dobre as bordas e corte em fatias. Aqueça uma chapa ou frigideira de fundo grosso (panela) e frite (refogue) os bannocks por cerca de 20 minutos até que os cantos comecem a enrolar. Vire e cozinhe o outro lado por 6 minutos.

pique

de 8

10 ml/2 colheres de chá de fermento fresco ou 5 ml/1 colher de chá de fermento seco

5 ml/1 colher de chá de açúcar de confeiteiro (surfin)

300 ml/½ pt/1¼ xícara de leite

1 ovo

225 g/8 onças/2 xícaras de farinha simples (para todos os fins)

5ml/1 colher de chá de sal

óleo para untar

Misture o fermento e o açúcar com um pouco de leite até formar uma pasta, depois acrescente o restante do leite e o ovo. Misture o líquido na farinha e sal e misture em uma pasta fina. Cubra e deixe em um lugar quente por 30 minutos até dobrar de tamanho. Aqueça uma chapa ou frigideira pesada (frigideira) e unte levemente. Despeje xícaras da mistura na chapa e cozinhe por cerca de 3 minutos até que a parte de baixo fique dourada, depois vire e cozinhe por cerca de 2 minutos do outro lado. Repita com o restante da mistura.

Scones fáceis de cair

de 15

100 g / 4 onças / 1 xícara de farinha com fermento (aumento automático).

Uma pitada de sal

15 ml / 1 colher de sopa de açúcar granulado (surfin)

1 ovo

150ml/¼ pt/2/3 xícara de leite

óleo para untar

Misture a farinha, o sal e o açúcar e faça um buraco no centro. Mergulhe no ovo e incorpore gradualmente o ovo e o leite até obter uma pasta lisa. Aqueça uma frigideira grande (frigideira) e unte-a levemente. Quando estiver quente, coloque colheradas da massa na frigideira para formar círculos. Asse por cerca de 3 minutos até que os scones estejam inchados e marrons na parte de baixo, depois vire e doure o outro lado. Sirva quente ou morno.

scones de bordo

de 30

200g/7oz/1¾ xícaras de farinha com fermento (com fermento)

25 g/1 oz/¼ xícara de farinha de arroz

10 ml / 2 colheres de chá de fermento em pó

25 g/1 oz/2 colheres de sopa de açúcar de confeiteiro (superfino)

Uma pitada de sal

15 ml/1 colher de sopa de maple syrup

1 ovo batido

200ml/7oz/apenas 1 xícara de leite

Óleo de girassol

2 oz/¼ xícara/50g de manteiga ou margarina, amolecida

15 ml / 1 colher de sopa de nozes picadas

Misture as farinhas, o fermento, o açúcar e o sal e faça um buraco no centro. Adicione o maple syrup, o ovo e metade do leite e bata até ficar homogêneo. Misture o restante do leite para fazer uma pasta grossa. Aqueça um pouco de óleo em uma frigideira (panela), depois despeje o excesso. Despeje colheres de sopa de massa na panela e refogue até que o fundo esteja dourado. Vire e frite os outros lados. Retire da panela e mantenha aquecido enquanto frita os scones restantes (cookies). Amasse a manteiga ou margarina com as nozes e cubra os scones quentes com a manteiga aromatizada para servir.

Scones Grelhados

de 12

225 g/8 onças/2 xícaras de farinha simples (para todos os fins)

5 ml/1 colher de chá de bicarbonato de sódio (bicarbonato de sódio)

10 ml/2 colheres de chá de creme de tártaro

2,5ml/½ colher de chá de sal

25 g/1 oz/2 colheres de sopa de banha (gordura) ou manteiga

25 g/1 oz/2 colheres de sopa de açúcar de confeiteiro (superfino)

150ml/¼ pt/2/3 xícara de leite

óleo para untar

Misture a farinha, o bicarbonato, o creme de tártaro e o sal. Esfregue a banha ou manteiga e, em seguida, misture o açúcar. Adicione o leite aos poucos até obter uma massa macia. Corte a massa ao meio, amasse e modele cada um em um disco plano com cerca de 1 cm de espessura. Corte cada círculo em seis. Aqueça uma chapa ou frigideira grande (panela) e unte levemente com óleo. Quando estiver quente, coloque os scones (biscoitos) na panela e cozinhe por cerca de 5 minutos até dourar por baixo, depois vire e cozinhe o outro lado. Deixe esfriar no rack.

Scones de queijo

de 12

25 g/1 oz/2 colheres de sopa de manteiga ou margarina, amolecida

100 g/4 onças/½ xícara de queijo cottage

5ml/1 colher de chá de cebolinha fresca picada

2 ovos batidos

1 ½ oz / 40 g / 1/3 xícara de farinha simples (para todos os fins)

15 g/½ oz/2 colheres de sopa de farinha de arroz

5 ml/1 colher de chá de fermento em pó

15 ml/1 colher de sopa de leite

óleo para untar

Misture todos os ingredientes, exceto o óleo, para fazer uma pasta grossa. Aqueça um pouco de óleo em uma frigideira (panela), depois escorra o excesso. Frite (refogue) colheradas da mistura até dourar a parte de baixo. Vire os scones (cookies) e frite o outro lado. Retire da panela e mantenha aquecido enquanto frita os scones restantes

Panquecas Escocesas Especiais

de 12

100 g/4 oz/1 xícara de farinha simples (para todos os fins)

10 ml/2 colheres de chá de açúcar de confeiteiro (surfin)

5ml/1 colher de chá de creme de tártaro

2,5ml/½ colher de chá de sal

2,5 ml/½ colher de chá de bicarbonato de sódio (bicarbonato de sódio)

1 ovo

5 ml/1 colher de chá de xarope dourado (milho light)

120 ml/4 fl oz/½ xícara de leite morno

óleo para untar

Misture os ingredientes secos e faça um buraco no centro. Bata o ovo com a calda e o leite e misture com a mistura de farinha até obter uma massa bem grossa. Cubra e deixe descansar por cerca de 15 minutos até a mistura ferver. Aqueça uma chapa grande ou frigideira de fundo grosso (panela) e unte-a levemente. Despeje pequenas porções da massa na chapa e cozinhe um lado por cerca de 3 minutos até que a parte de baixo fique dourada, depois vire e cozinhe o outro lado por cerca de 2 minutos. Enrole as panquecas em um pano de prato quente (torchon) enquanto cozinha o restante da massa. Sirva frio e com manteiga, grelhado ou frito (soffritto).

Panquecas escocesas com frutas

de 12

100 g/4 oz/1 xícara de farinha simples (para todos os fins)

10 ml/2 colheres de chá de açúcar de confeiteiro (surfin)

5ml/1 colher de chá de creme de tártaro

2,5ml/½ colher de chá de sal

2,5 ml/½ colher de chá de bicarbonato de sódio (bicarbonato de sódio)

100g/4 onças/2/3 xícaras de passas

1 ovo

5 ml/1 colher de chá de xarope dourado (milho light)

120 ml/4 fl oz/½ xícara de leite morno

óleo para untar

Junte os ingredientes secos e as passas e faça um buraco no centro. Bata o ovo com a calda e o leite e misture com a mistura de farinha até obter uma massa bem grossa. Cubra e deixe descansar por cerca de 15 minutos até a mistura ferver. Aqueça uma chapa grande ou frigideira de fundo grosso (panela) e unte-a levemente. Despeje pequenas porções da massa na chapa e cozinhe um lado por cerca de 3 minutos até que a parte de baixo fique dourada, depois vire e cozinhe o outro lado por cerca de 2 minutos. Enrole as panquecas em um pano de prato quente (torchon) enquanto cozinha o restante. Sirva frio e com manteiga, grelhado ou frito (soffritto).

Panquecas de laranja escocesa

de 12

100 g/4 oz/1 xícara de farinha simples (para todos os fins)

10 ml/2 colheres de chá de açúcar de confeiteiro (surfin)

5ml/1 colher de chá de creme de tártaro

2,5ml/½ colher de chá de sal

2,5 ml/½ colher de chá de bicarbonato de sódio (bicarbonato de sódio)

10 ml/2 colheres de chá de casca de laranja ralada

1 ovo

5 ml/1 colher de chá de xarope dourado (milho light)

120 ml/4 fl oz/½ xícara de leite morno

Algumas gotas de essência de laranja (extrato)

óleo para untar

Misture os ingredientes secos e as raspas de laranja e faça um buraco no centro. Bata o ovo com a calda, o leite e a essência de laranja e misture com a mistura de farinha até formar uma massa bem grossa. Cubra e deixe descansar por cerca de 15 minutos até a mistura ferver. Aqueça uma chapa grande ou frigideira de fundo grosso (panela) e unte-a levemente. Despeje pequenas porções da massa na chapa e cozinhe um lado por cerca de 3 minutos até que a parte de baixo fique dourada, depois vire e cozinhe o outro lado por cerca de 2 minutos. Enrole as panquecas em um pano de prato quente (torchon) enquanto cozinha o restante. Sirva frio e com manteiga, grelhado ou frito (soffritto).

Hinny cantando

de 12

225 g/8 onças/2 xícaras de farinha simples (para todos os fins)

2,5ml/½ colher de chá de sal

2,5ml/½ colher de chá de fermento em pó

50 g/2 onças/¼ xícara de banha (encurtamento)

2 oz/¼ xícara/50g de manteiga ou margarina

100 g/4 onças/2/3 xícaras de groselha

120ml/4oz/½ xícara de leite

óleo para untar

Misture os ingredientes secos, acrescente a banha e a manteiga ou margarina até a mistura ficar parecida com farinha de rosca. Junte as passas e faça um buraco no centro. Misture leite suficiente para fazer uma massa firme. Abra sobre uma superfície levemente enfarinhada até obter uma espessura de cerca de 1 cm e pique a superfície com um garfo. Aqueça uma frigideira ou frigideira (panela) de fundo grosso e unte levemente. Asse o bolo por cerca de 5 minutos até que a parte de baixo esteja dourada, depois vire e cozinhe o outro lado por cerca de 4 minutos. Sirva dividido e com manteiga.

bolos de Galês

para 4 pessoas

225 g/8 onças/2 xícaras de farinha simples (para todos os fins)

5 ml/1 colher de chá de fermento em pó

2,5 ml/½ colher de chá. temperos mistos moídos (torta de maçã)

2 oz/¼ xícara/50g de manteiga ou margarina

50 g/2 onças/¼ xícara de banha (encurtamento)

75 g/3 onças/1/3 xícara de açúcar em pó (superfino)

50 g/2 onças/1/3 xícara de groselha

1 ovo batido

30–45 ml/2–3 colheres de sopa de leite

Combine a farinha, o fermento e a mistura de especiarias em uma tigela. Esfregue a manteiga ou margarina e a banha até que a mistura se assemelhe a farinha de rosca. Misture o açúcar e as passas. Misture o ovo e o leite apenas o suficiente para fazer uma massa firme. Abra sobre uma superfície enfarinhada até obter uma espessura de 5 mm e corte em rodelas de 7,5 cm. Asse em uma assadeira untada por cerca de 4 minutos de cada lado até dourar.

panquecas galesas

de 12

175g/6oz/1½ xícara de farinha de trigo (para todos os fins)

2,5ml/½ colher de chá de creme de tártaro

2,5 ml/½ colher de chá de bicarbonato de sódio (bicarbonato de sódio)

50 g/2 onças/¼ xícara de açúcar refinado (superfino)

25 g/1 oz/2 colheres de sopa de manteiga ou margarina

1 ovo batido

120ml/4oz/½ xícara de leite

2,5 ml/½ colher de chá de vinagre

óleo para untar

Misture os ingredientes secos e acrescente o açúcar. Passe manteiga ou margarina e faça um buraco no centro. Misture o ovo e o leite apenas o suficiente para formar uma massa fina. Misture o vinagre. Aqueça uma frigideira ou frigideira (panela) de fundo grosso e unte levemente. Despeje grandes porções da massa na panela e refogue (refogue) cerca de 3 minutos até que a parte de baixo esteja dourada. Vire e cozinhe o outro lado por cerca de 2 minutos. Sirva quente e com manteiga.

Pão de Milho Temperado Mexicano

Faz 8 rolos

225 g/8 onças/2 xícaras de farinha com fermento (com fermento)

5 ml/1 colher de chá de pimenta em pó

2,5 ml/½ colher de chá de bicarbonato de sódio (bicarbonato de sódio)

200 g / 7 oz / 1 frasco pequeno creme de milho doce (milho)

15ml/1 colher de sopa de pasta de caril

8 fl oz/1 xícara de iogurte natural

óleo de fritar

Combine farinha, pimenta em pó e bicarbonato de sódio. Adicione o restante dos ingredientes, exceto o óleo e amasse até obter uma massa macia. Vire para uma superfície levemente enfarinhada e amasse delicadamente até ficar homogêneo. Corte em oito pedaços e dê um tapinha em cada um em uma rodada de 13 cm. Aqueça o óleo em uma frigideira de fundo grosso (refogue) e refogue (refogue) os broas de milho por 2 minutos de cada lado até dourar e levemente estufado.

pão sírio sueco

Dê 4

225 g/8 onças/2 xícaras de farinha de trigo integral (integral).

225g/8 onças/2 xícaras de farinha de centeio ou cevada

5ml/1 colher de chá de sal

Aproximadamente 250ml/8 fl oz/1 xícara de água morna

óleo para untar

Misture as farinhas e o sal em uma tigela, depois trabalhe aos poucos na água até obter uma massa firme. Você pode precisar de um pouco mais ou menos de água, dependendo da farinha que estiver usando. Bata bem até que a mistura desgrude das laterais da tigela, depois vire para uma superfície de trabalho levemente enfarinhada e amasse por 5 minutos. Divida a massa em quartos e abra em 8 círculos de 20 cm. Aqueça uma chapa ou frigideira grande (panela) e unte-a levemente. Frite (refogue) um ou dois pães de cada vez por cerca de 15 minutos de cada lado até dourar.

Milho cozido no vapor e pão de centeio

Rende um pão de 9"/23cm

175g/6oz/1½ xícara de farinha de centeio

175 g/6 oz/1½ xícara de farinha de trigo integral (integral).

100 g/4 onças/1 xícara de aveia em flocos

10 ml/2 colheres de chá de bicarbonato de sódio (bicarbonato de sódio)

5ml/1 colher de chá de sal

450 ml/¾ pt/2 xícaras de leite

175 g/6 onças/½ xícara de melaço de crock preto (melaço)

10 ml/2 colheres de chá de suco de limão

Junte as farinhas, a aveia, o bicarbonato e o sal. Aqueça o leite, o melaço e o suco de limão até ficar morno e acrescente os ingredientes secos. Despeje em uma tigela de pudim de 9 polegadas / 23cm untada e cubra com papel alumínio amassado. Coloque em uma panela grande e encha com água quente suficiente para chegar até a metade das laterais da panela. Cubra e deixe ferver por 3 horas, possivelmente adicionando água fervente. Deixe descansar de um dia para o outro antes de servir.

Pão De Milho No Vapor

Rende dois pães de 1 lb/450 g

175g/6oz/1½ xícara de farinha de trigo (para todos os fins)

225g/8 onças/2 xícaras de farinha de milho

15 ml / 1 colher de sopa de fermento em pó

Uma pitada de sal

3 ovos

45 ml/3 colheres de sopa de óleo

150ml/¼ pt/2/3 xícara de leite

300 g/11 oz milho doce enlatado (milho), escorrido e amassado

Junte a farinha, o fubá, o fermento e o sal. Bata os ovos, o óleo e o leite e, em seguida, misture os ingredientes secos junto com o milho doce. Despeje em duas assadeiras de 450g/1lb untadas e coloque em uma panela grande com água fervente suficiente para chegar até a metade das laterais das assadeiras. Tampe e cozinhe por 2 horas, adicionando água fervente se necessário. Deixe esfriar nas forminhas antes de desenformar e cortar.

chapatis completos

de 12

225 g/8 onças/2 xícaras de farinha de trigo integral (integral).

5ml/1 colher de chá de sal

150ml/¼ pt/2/3 xícara de água

Misture a farinha e o sal em uma tigela, depois trabalhe aos poucos na água até obter uma massa firme. Divida-o em 12 e estenda-o em uma superfície enfarinhada. Unte uma frigideira de fundo grosso (panela) ou chapa e refogue (refogue) alguns chapatis de cada vez em fogo médio até dourar por baixo. Vire e cozinhe o outro lado até dourar levemente. Mantenha o chapati quente enquanto frita o resto. Sirva com manteiga de um lado, se desejar.

Puris completo

de 8

100 g / 4 onças / 1 xícara de farinha de trigo integral (integral).

100 g/4 oz/1 xícara de farinha simples (para todos os fins)

2,5ml/½ colher de chá de sal

25 g/1 oz/2 colheres de sopa de manteiga ou margarina derretida

150ml/¼ pt/2/3 xícara de água

óleo de fritar

Misture as farinhas e o sal e faça um buraco no centro. Despeje a manteiga ou margarina. Adicione a água aos poucos, mexendo até obter uma pasta firme. Sove por 5-10 minutos, depois cubra com um pano úmido e deixe descansar por 15 minutos.

Divida a massa em oito e enrole cada uma em círculos finos de 13 cm. Aqueça o óleo em uma frigideira grande de fundo grosso (refogue) e refogue (refogue) os purês um ou dois de cada vez até ficarem inchados, crocantes e dourados. Escorra em papel absorvente (papel toalha).

biscoitos de amêndoa

a partir de 24

100 g/4 onças/½ xícara de manteiga ou margarina, amolecida

50 g/2 onças/¼ xícara de açúcar refinado (superfino)

100 g / 4 onças / 1 xícara de farinha com fermento (aumento automático).

25 g/1 oz/¼ xícara de amêndoas moídas

Algumas gotas de essência de amêndoa (extrato)

Bata a manteiga ou margarina e o açúcar até obter um creme claro e fofo. Trabalhe a farinha, as amêndoas moídas e a essência de amêndoa até obter uma mistura compacta. Forme bolas grandes do tamanho de nozes e reserve em uma assadeira untada e pressione levemente com um garfo para achatar. Asse os biscoitos em forno pré-aquecido a 180°C/termostato 4 por 15 minutos até dourar.

anéis de amêndoa

de 30

100 g/4 onças/1 xícara de amêndoas em flocos (em flocos)

100 g/4 onças/½ xícara de manteiga ou margarina

100 g/4 onças/½ xícara de açúcar de confeiteiro (superfino)

30 ml/2 colheres de sopa de leite

15–30 ml/1–2 colheres de sopa de farinha (para uso geral)

Colocar as amêndoas, a manteiga ou margarina, o açúcar e o leite num tacho com 15ml/1 colher de farinha. Aqueça suavemente, mexendo, até combinado, adicionando a farinha restante conforme necessário para manter a mistura unida. Disponha as colheradas bem espaçadas em uma assadeira untada com manteiga e enfarinhada e leve ao forno pré-aquecido a 180°C/termostato 4 por 8 minutos até dourar levemente. Deixe esfriar na assadeira por cerca de 30 segundos e, em seguida, modele-os em anéis ao redor do cabo de uma colher de pau. Se ficarem muito frios para moldar, coloque-os de volta no forno por alguns segundos para reaquecer antes de moldar o restante.

anéis de amêndoa

a partir de 24

100 g/4 onças/½ xícara de manteiga ou margarina, amolecida

100 g/4 onças/½ xícara de açúcar de confeiteiro (superfino)

1 ovo separado

225 g/8 onças/2 xícaras de farinha simples (para todos os fins)

5 ml/1 colher de chá de fermento em pó

5 ml/1 colher de chá de raspas de limão

50 g/2 onças/½ xícara de amêndoas em flocos (em flocos)

Açúcar granulado (surfin) para polvilhar

Bata a manteiga ou margarina e o açúcar até obter um creme claro e fofo. Bata a gema aos poucos, depois incorpore a farinha, o fermento e a raspa de limão, finalizando com as mãos até a mistura ficar homogênea. Estenda com ¼"/5mm de espessura e corte em rodelas de 2¼"/6cm com um cortador de biscoitos, depois corte os centros com um cortador de biscoitos de ¾"/2cm. Disponha os biscoitos uniformemente espaçados em uma assadeira untada e pique com um garfo. em forno pré-aquecido a 180°C/termostato 4 por 10 minutos. Pincele com clara de ovo, polvilhe com amêndoas e açúcar e leve ao forno por mais 5 minutos até dourar.

biscoitos mediterrânicos de amêndoa

a partir de 24

2 ovos separados

1 xícara/6 oz/175 g de açúcar de confeiteiro, peneirado

10 ml / 2 colheres de chá de fermento em pó

Raspas de ½ limão

Algumas gotas de essência de baunilha (extrato)

400 g/14 onças/3½ xícaras de amêndoas moídas

Bata as gemas e uma clara com o açúcar até obter uma mistura clara e espumosa. Adicione todos os outros ingredientes e amasse até obter uma massa compacta. Enrole em bolas do tamanho de nozes e coloque em uma assadeira (biscoito) untada, pressionando suavemente para achatar. Asse em forno pré-aquecido a 180°C/termostato 4 por 15 minutos até dourar e ficar crocante na superfície.

Biscoitos de amêndoa e chocolate

a partir de 24

2 oz/¼ xícara/50g de manteiga ou margarina, amolecida

75 g/3 onças/1/3 xícara de açúcar em pó (superfino)

1 ovo pequeno, batido

100 g/4 oz/1 xícara de farinha simples (para todos os fins)

2,5ml/½ colher de chá de fermento em pó

25 g/1 oz/¼ xícara de amêndoas moídas

25 g/1 oz/¼ xícara de chocolate amargo (meio-doce), ralado

Bata a manteiga ou margarina e o açúcar até obter um creme claro e fofo. Incorpore o ovo um pouco de cada vez, depois incorpore o restante dos ingredientes até obter uma massa bem firme. Se a mistura estiver muito úmida, acrescente um pouco mais de farinha. Embrulhe em película aderente (folha) e leve ao frigorífico durante 30 minutos.

Abra a massa em forma de cilindro e corte em fatias de meio centímetro. Disponha, bem espaçados, num tabuleiro untado com manteiga e leve ao forno pré-aquecido a 190°C/termostato 5 durante 10 minutos.

Amish biscoitos de frutas e nozes

a partir de 24

100 g/4 onças/½ xícara de manteiga ou margarina, amolecida

175 g/6 onças/¾ xícara de açúcar de confeiteiro (superfino)

1 ovo

75ml/5 colheres de sopa de leite

75 g/3 oz/¼ xícara de melaço de crock preto (melaço)

2¼ xícaras/9 onças/250 g de farinha comum (para todos os fins)

10 ml / 2 colheres de chá de fermento em pó

15 ml/1 colher de sopa de canela em pó

10 ml/2 colheres de chá de bicarbonato de sódio (bicarbonato de sódio)

2,5 ml/½ colher de chá de noz-moscada ralada

50 g/2 onças/½ xícara de farinha de aveia média

50 g/2 onças/1/3 xícara de passas

25 g/1 oz/¼ xícara de nozes mistas picadas

Bata a manteiga ou margarina e o açúcar até obter um creme claro e fofo. Acrescente aos poucos o ovo, depois o leite e o melaço. Adicione o restante dos ingredientes e amasse até obter uma massa firme. Adicione um pouco mais de leite se a mistura estiver muito dura para trabalhar, ou um pouco mais de farinha se estiver muito pegajosa; a textura irá variar dependendo da farinha usada. Abra a massa com cerca de 5 mm/¼ de polegada de espessura e corte círculos com um cortador de biscoitos. Coloque em uma assadeira untada e leve ao forno pré-aquecido a 180°C/termostato 4 por 10 minutos até dourar.

biscoitos de anis

dá 16

175 g/6 onças/¾ xícara de açúcar de confeiteiro (superfino)

2 claras de ovo

1 ovo

100 g/4 oz/1 xícara de farinha simples (para todos os fins)

5 ml/1 colher de chá de anis moído

Bata o açúcar, as claras e o ovo juntos por 10 minutos. Aos poucos, incorpore a farinha e incorpore o anis. Despeje a mistura em uma forma de 450g/1lb e leve ao forno pré-aquecido a 180°C/termostato 4 por 35 minutos até que um palito inserido no centro saia bem. Retire da panela e corte em fatias de ½ polegada / 1 cm. Disponha os biscoitos de lado em uma assadeira untada e volte ao forno por mais 10 minutos, virando-os na metade do tempo.

Biscoitos de Banana, Aveia e Suco de Laranja

a partir de 24

100 g/4 onças/½ xícara de manteiga ou margarina, amolecida

100 g de banana madura amassada

120ml/4oz/½ xícara de suco de laranja

4 claras em neve, levemente batidas

10 ml/2 colheres de chá de essência de baunilha (extrato)

5 ml/1 colher de chá de casca de laranja ralada

225g/8 onças/2 xícaras de aveia em flocos

225 g/8 onças/2 xícaras de farinha simples (para todos os fins)

5 ml/1 colher de chá de bicarbonato de sódio (bicarbonato de sódio)

5 ml/1 colher de chá de noz-moscada ralada

Uma pitada de sal

Bata a manteiga ou margarina até ficar cremosa, depois acrescente as bananas e o suco de laranja. Misture as claras em neve, a essência de baunilha e as raspas de laranja, depois incorpore à mistura de banana, seguida dos demais ingredientes. Distribua em tabuleiros (bolachas) e leve ao forno pré-aquecido a 180°C/termostato 4 durante 20 minutos até dourar.

Biscoitos basicos

de 40

100 g/4 onças/½ xícara de manteiga ou margarina, amolecida

100 g/4 onças/½ xícara de açúcar de confeiteiro (superfino)

1 ovo batido

5 ml/1 colher de chá de essência de baunilha (extrato)

225 g/8 onças/2 xícaras de farinha simples (para todos os fins)

Bata a manteiga ou margarina e o açúcar até obter um creme claro e fofo. Incorpore aos poucos o ovo e a essência de baunilha, depois incorpore a farinha e amasse até obter uma massa lisa. Faça uma bola, embrulhe em Clingfim (folha) e leve à geladeira por 1 hora.

Abra a massa com uma espessura de 5mm/¼ e corte as fatias com um cortador de biscoitos. Coloque em uma assadeira untada e leve ao forno pré-aquecido a 200°C/400°F/termostato 6 por 10 minutos até dourar. Deixe esfriar na assadeira por 5 minutos antes de transferir para a gradinha para completar o resfriamento.

Biscoitos crocantes de farelo

dá 16

100 g / 4 onças / 1 xícara de farinha de trigo integral (integral).

100g/4oz/½ xícara de açúcar mascavo doce

25 g/1 oz/¼ xícara de aveia em flocos

25 g/1 oz/½ xícara de farelo

5 ml/1 colher de chá de bicarbonato de sódio (bicarbonato de sódio)

5 ml/1 colher de chá de gengibre em pó

100 g/4 onças/½ xícara de manteiga ou margarina

15 ml/1 colher de sopa de xarope dourado (milho claro)

15 ml/1 colher de sopa de leite

Misture os ingredientes secos. Derreta a manteiga com a calda e o leite, depois misture com os ingredientes secos até obter uma pasta firme. Coloque a mistura de biscoito (biscoitos) em uma assadeira untada (biscoitos) e asse em forno pré-aquecido a 160°C/325°F/termostato 3 por 15 minutos até dourar.

biscoitos de gergelim

de 12

225 g/8 onças/2 xícaras de farinha de trigo integral (integral).

5 ml/1 colher de chá de fermento em pó

25 g/1 oz/½ xícara de farelo

Uma pitada de sal

2 oz/¼ xícara/50g de manteiga ou margarina

45 ml/3 colheres de sopa de açúcar mascavo doce

45 ml/3 colheres de sopa de passas (passas douradas)

1 ovo, levemente batido

120ml/4oz/½ xícara de leite

45 ml/3 colheres de sopa de sementes de sésamo

Misture a farinha, o fermento, o farelo de trigo e o sal e acrescente a manteiga ou margarina até obter uma farofa. Misture o açúcar e as passas, depois o ovo e o leite suficiente para fazer uma massa macia, mas não pegajosa. Estenda com 1 cm de espessura e corte em rodelas com um cortador de biscoitos. Coloque em uma assadeira untada, pincele com leite e polvilhe com sementes de gergelim. Asse em forno pré-aquecido a 220°C/termostato 7 por 10 minutos até dourar.

Biscoitos de aguardente com cominho

de 30

25 g/1 oz/2 colheres de sopa de manteiga ou margarina, amolecida

75 g/3 onças/1/3 xícara de açúcar mascavo doce

½ ovo

10 ml/2 colheres de chá de conhaque

175g/6oz/1½ xícara de farinha de trigo (para todos os fins)

10 ml/2 colheres de chá de sementes de cominho

5 ml/1 colher de chá de fermento em pó

Uma pitada de sal

Bata a manteiga ou margarina e o açúcar até obter um creme claro e fofo. Acrescente aos poucos o ovo e o conhaque, depois acrescente o restante dos ingredientes e misture até formar uma massa firme. Embrulhe em película aderente (folha) e leve ao frigorífico durante 30 minutos.

Abra a massa em uma superfície levemente enfarinhada com cerca de 3 mm/1/8 de polegada de espessura e corte em rodelas com um cortador de biscoitos. Disponha as bolachas num tabuleiro untado com manteiga e leve ao forno pré-aquecido a 200°C/termostato 6 durante 10 minutos.

shots de conhaque

de 30

100 g/4 onças/½ xícara de manteiga ou margarina

100 g/4 onças/1/3 xícara de xarope dourado (milho light)

100 g de açúcar demerara

100 g/4 oz/1 xícara de farinha simples (para todos os fins)

5 ml/1 colher de chá de gengibre em pó

5ml/1 colher de chá de suco de limão

Derreta a manteiga ou margarina, o xarope e o açúcar em uma panela. Deixe esfriar um pouco, acrescente a farinha e o gengibre e depois o suco de limão. Despeje colheres da mistura com 10 cm de distância em assadeiras untadas e leve ao forno pré-aquecido a 180°C/termostato 4 por 8 minutos até dourar. Deixe esfriar por um minuto, retire da forma com uma fatia e enrole no cabo untado de uma colher de pau. Retire o cabo da colher e deixe esfriar sobre uma grade. Se os encaixes ficarem muito duros antes de moldá-los, coloque-os de volta no forno por um minuto para aquecer e amolecer.

Biscoitos de manteiga

a partir de 24

100 g/4 onças/½ xícara de manteiga ou margarina, amolecida

50 g/2 onças/¼ xícara de açúcar refinado (superfino)

raspas de 1 limão

150 g/5 oz/1¼ xícaras de farinha com fermento (com fermento)

Bata a manteiga ou margarina e o açúcar até obter um creme claro e fofo. Trabalhe as raspas de limão, depois incorpore a farinha até obter uma mistura firme. Forme bolas grandes do tamanho de nozes e reserve em uma assadeira untada e pressione levemente com um garfo para achatar. Asse os biscoitos em forno pré-aquecido a 180°C/termostato 4 por 15 minutos até dourar.

biscoitos de caramelo

de 40

100 g/4 onças/½ xícara de manteiga ou margarina, amolecida

100g/4oz/½ xícara de açúcar mascavo escuro

1 ovo batido

¼ colher de chá/1,5 ml de essência de baunilha (extrato)

225 g/8 onças/2 xícaras de farinha simples (para todos os fins)

7,5ml / 1½ colher de chá de fermento em pó

Uma pitada de sal

Bata a manteiga ou margarina e o açúcar até obter um creme claro e fofo. Acrescente aos poucos o ovo e a essência de baunilha. Adicione a farinha, o fermento e o sal. Forme a massa em três rolos de cerca de 5 cm de diâmetro, embrulhe em película aderente (filme) e leve ao frigorífico durante 4 horas ou de um dia para o outro.

Corte em fatias de 3 mm de espessura e coloque em assadeiras não untadas. Asse os biscoitos em forno pré-aquecido a 190°C/termostato 5 por 10 minutos até dourar levemente.

biscoitos de caramelo

de 30

2 oz/¼ xícara/50g de manteiga ou margarina, amolecida

50 g/2 onças/¼ xícara de banha (encurtamento)

225g/8 onças/1 xícara de açúcar mascavo doce

1 ovo, levemente batido

175g/6oz/1½ xícara de farinha de trigo (para todos os fins)

1,5 mL/¼ colher de chá de bicarbonato de sódio (bicarbonato de sódio)

¼ colher de chá/1,5 ml de creme de tártaro

Uma pitada de noz moscada ralada

10ml / 2 colheres de chá de água

2,5 ml/½ colher de chá de essência de baunilha (extrato)

Bata a manteiga ou margarina, a banha e o açúcar até obter uma mistura clara e fofa. Adicione o ovo aos poucos. Misture a farinha, o fermento, o cremor de tártaro e a noz-moscada, depois acrescente a água e a essência de baunilha e misture até obter uma massa macia. Enrole em forma de salsicha, embrulhe em película aderente (folha de alumínio) e leve ao frigorífico durante pelo menos 30 minutos, de preferência mais.

Corte a massa em fatias de 1/2 cm e coloque-as em uma assadeira untada com manteiga. Asse os biscoitos em forno pré-aquecido a 180°C/termostato 4 por 10 minutos até dourar.

Biscoitos de cenoura e nozes

dá 48

175 g de manteiga ou margarina amolecida

100g/4oz/½ xícara de açúcar mascavo doce

50 g/2 onças/¼ xícara de açúcar refinado (superfino)

1 ovo, levemente batido

225 g/8 onças/2 xícaras de farinha simples (para todos os fins)

5 ml/1 colher de chá de fermento em pó

2,5ml/½ colher de chá de sal

100 g/4 onças/½ xícara de purê de cenoura cozida

100 g/4 onças/1 xícara de nozes picadas

Bata a manteiga ou margarina e os açúcares até obter um creme claro e fofo. Incorpore o ovo um pouco de cada vez, depois incorpore a farinha, o fermento e o sal. Junte o purê de cenoura e nozes. Deite num tabuleiro untado com manteiga e leve ao forno pré-aquecido a 200°C/termostato 6 durante 10 minutos.

Biscoitos de cenoura e nozes com cobertura de laranja

dá 48

Para cookies (cookies):
175 g de manteiga ou margarina amolecida

100 g/4 onças/½ xícara de açúcar de confeiteiro (superfino)

50g/2oz/¼ xícara de açúcar mascavo doce

1 ovo, levemente batido

225 g/8 onças/2 xícaras de farinha simples (para todos os fins)

5 ml/1 colher de chá de fermento em pó

2,5ml/½ colher de chá de sal

5 ml/1 colher de chá de essência de baunilha (extrato)

100 g/4 onças/½ xícara de purê de cenoura cozida

100 g/4 onças/1 xícara de nozes picadas

Para o glacê (glacê):
1 xícara/6 oz/175 g de açúcar de confeiteiro, peneirado

10 ml/2 colheres de chá de casca de laranja ralada

30 ml/2 colheres de sopa de suco de laranja

Para fazer os biscoitos, bata a manteiga ou margarina e os açúcares até obter um creme claro e fofo. Incorpore o ovo um pouco de cada vez, depois incorpore a farinha, o fermento e o sal. Incorpore a essência de baunilha, o purê de cenoura e as nozes. Deite num tabuleiro untado com manteiga e leve ao forno pré-aquecido a 200°C/termostato 6 durante 10 minutos.

Para fazer o glacê, coloque o açúcar de confeiteiro em uma tigela, adicione as raspas de laranja e faça um buraco no centro. Adicione gradualmente o suco de laranja até obter um glacê liso, mas bastante espesso. Espalhe sobre os biscoitos ainda quentes, depois esfrie e coloque.

biscoitos de cereja

dá 48

100 g/4 onças/½ xícara de manteiga ou margarina, amolecida

100 g/4 onças/½ xícara de açúcar de confeiteiro (superfino)

1 ovo batido

5 ml/1 colher de chá de essência de baunilha (extrato)

225 g/8 onças/2 xícaras de farinha simples (para todos os fins)

2 oz/50 g/¼ xícara de cerejas cristalizadas (cristalizadas), picadas

Bata a manteiga ou margarina e o açúcar até obter um creme claro e fofo. Incorpore aos poucos o ovo e a essência de baunilha, depois incorpore a farinha e as cerejas e amasse até obter uma massa lisa. Faça uma bola, embrulhe em Clingfim (folha) e leve à geladeira por 1 hora.

Abra a massa com uma espessura de 5mm/¼ e corte as fatias com um cortador de biscoitos. Coloque em uma assadeira untada e leve ao forno pré-aquecido a 200°C/400°F/termostato 6 por 10 minutos até dourar. Deixe esfriar na assadeira por 5 minutos antes de transferir para a gradinha para completar o resfriamento.

Anéis de cereja e amêndoa

a partir de 24

100 g/4 onças/½ xícara de manteiga ou margarina, amolecida

100g/4oz/½ xícara de açúcar de confeiteiro (superfino), mais extra para polvilhar

1 ovo separado

225 g/8 onças/2 xícaras de farinha simples (para todos os fins)

5 ml/1 colher de chá de fermento em pó

5 ml/1 colher de chá de raspas de limão

60 ml/4 colheres de sopa de cerejas cristalizadas

50 g/2 onças/½ xícara de amêndoas em flocos (em flocos)

Bata a manteiga ou margarina e o açúcar até obter um creme claro e fofo. Bata a gema aos poucos, depois incorpore a farinha, o fermento, as raspas de limão e as cerejas, finalizando com as mãos até a mistura ficar homogênea. Estenda com ¼"/5mm de espessura e corte em rodelas de 2¼"/6cm com um cortador de biscoitos, depois corte os centros com um cortador de biscoitos de ¾"/2cm. Disponha os biscoitos uniformemente espaçados em uma assadeira untada e pique com um garfo. em forno pré-aquecido a 180°C/termostato 4 por 10 minutos. Pincele com a clara e polvilhe com as amêndoas e o açúcar e leve ao forno por mais 5 minutos até dourar.

Biscoitos de manteiga de chocolate

a partir de 24

100 g/4 onças/½ xícara de manteiga ou margarina

50 g/2 onças/¼ xícara de açúcar refinado (superfino)

100 g / 4 onças / 1 xícara de farinha com fermento (aumento automático).

30 ml/2 colheres de sopa de cacau em pó (chocolate sem açúcar)

Bata a manteiga ou margarina e o açúcar até obter um creme claro e fofo. Trabalhe a farinha e o cacau até obter um composto compacto. Forme bolas grandes do tamanho de nozes e reserve em uma assadeira untada e pressione levemente com um garfo para achatar. Asse os biscoitos em forno pré-aquecido a 180°C/termostato 4 por 15 minutos até dourar.

Sanduíches de chocolate e cereja

a partir de 24

100 g/4 onças/½ xícara de manteiga ou margarina, amolecida

100 g/4 onças/½ xícara de açúcar de confeiteiro (superfino)

1 ovo

2,5 ml/½ colher de chá de essência de baunilha (extrato)

225 g/8 onças/2 xícaras de farinha simples (para todos os fins)

5 ml/1 colher de chá de fermento em pó

Uma pitada de sal

25 g/1 oz/¼ xícara de cacau em pó (chocolate sem açúcar)

25 g/1 oz/2 colheres de sopa de cerejas cristalizadas (cristalizadas), picadas

Bata a manteiga e o açúcar até obter um creme claro e fofo. Acrescente aos poucos o ovo e a essência de baunilha, depois acrescente a farinha, o fermento e o sal até obter uma massa firme. Divida a massa ao meio e misture o cacau em uma metade e as cerejas na outra metade. Embrulhe em película aderente (folha) e leve ao frigorífico durante 30 minutos.

Abra cada pedaço de massa em um retângulo de cerca de 3 mm de espessura, coloque-os um sobre o outro e pressione levemente com um rolo. Enrole no lado mais longo e pressione suavemente. Corte em fatias de 1/2 cm de espessura e disponha-as, bem espaçadas, em uma assadeira untada com manteiga. Asse em forno pré-aquecido a 200°C/400°F/termostato 6 por 10 minutos.

Cookies com pepitas de chocolate

a partir de 24

75 g/3 onças/1/3 xícara de manteiga ou margarina

175g/6oz/1½ xícara de farinha de trigo (para todos os fins)

5 ml/1 colher de chá de fermento em pó

Uma pitada de bicarbonato de sódio (bicarbonato de sódio)

50g/2oz/¼ xícara de açúcar mascavo doce

45 ml/3 colheres de sopa de xarope dourado (milho light)

100g/4oz/1 xícara de gotas de chocolate

Esfregue a manteiga ou margarina na farinha, fermento em pó e bicarbonato de sódio até que a mistura se pareça com farinha de rosca. Junte o açúcar, o xarope e as pepitas de chocolate e misture até obter uma massa lisa. Forme bolinhas e coloque em uma assadeira untada, pressionando levemente para achatar. Asse os biscoitos em forno pré-aquecido a 190°C/termostato 5 por 15 minutos até dourar.

Biscoitos de chocolate e banana

a partir de 24

75 g/3 onças/1/3 xícara de manteiga ou margarina

175g/6oz/1½ xícara de farinha de trigo (para todos os fins)

5 ml/1 colher de chá de fermento em pó

2,5 ml/½ colher de chá de bicarbonato de sódio (bicarbonato de sódio)

50g/2oz/¼ xícara de açúcar mascavo doce

45 ml/3 colheres de sopa de xarope dourado (milho light)

50g/2oz/½ xícara de gotas de chocolate

2 onças/½ xícara/50 g de chips de banana seca, picados grosseiramente

Esfregue a manteiga ou margarina na farinha, fermento em pó e bicarbonato de sódio até que a mistura se pareça com farinha de rosca. Misture o açúcar, a calda e as lascas de chocolate e banana e mexa para homogeneizar a massa. Faça bolinhas e coloque em uma assadeira untada, pressionando levemente para achatar. Asse os biscoitos em forno pré-aquecido a 190°C/termostato 5 por 15 minutos até dourar.

Picadas de chocolate e nozes

a partir de 24

2 oz/¼ xícara/50g de manteiga ou margarina, amolecida

175 g/6 onças/¾ xícara de açúcar de confeiteiro (superfino)

1 ovo

5 ml/1 colher de chá de essência de baunilha (extrato)

1 oz/¼ xícara/25 g de chocolate amargo (meio-doce), derretido

100 g/4 oz/1 xícara de farinha simples (para todos os fins)

5 ml/1 colher de chá de fermento em pó

Uma pitada de sal

30 ml/2 colheres de sopa de leite

25 g/1 oz/¼ xícara de nozes mistas picadas

Açúcar de confeiteiro (confeitaria), peneirado, para polvilhar

Bata a manteiga ou margarina e o açúcar em pó até obter um creme claro e fofo. Acrescente aos poucos o ovo e a essência de baunilha, depois acrescente o chocolate. Misture a farinha, o fermento e o sal e acrescente à mistura alternando com o leite. Misture as nozes, cubra e leve à geladeira por 3 horas.

Forme bolas de 3cm/1½ com a mistura e passe-as no açúcar de confeiteiro. Coloque em uma assadeira levemente untada e leve ao forno pré-aquecido a 180°C/termostato 4 por 15 minutos até dourar levemente. Sirva polvilhado com açúcar em pó.

Cookies americanos com gotas de chocolate

de 20

225 g/8 onças/1 xícara de banha (encurtamento)

225g/8 onças/1 xícara de açúcar mascavo doce

100 g de açúcar granulado

5 ml/1 colher de chá de essência de baunilha (extrato)

2 ovos, ligeiramente batidos

175g/6oz/1½ xícara de farinha de trigo (para todos os fins)

5ml/1 colher de chá de sal

5 ml/1 colher de chá de bicarbonato de sódio (bicarbonato de sódio)

225g/8 onças/2 xícaras de aveia em flocos

350g/12oz/3 xícaras de gotas de chocolate

Misture a banha, os açúcares e a essência de baunilha até obter uma mistura clara e espumosa. Adicione os ovos aos poucos. Misture a farinha, sal, bicarbonato de sódio e aveia e, em seguida, misture as lascas de chocolate. Coloque colheradas da mistura em tabuleiros untados com manteiga e leve ao forno pré-aquecido a 180°C/termostato 4 cerca de 10 minutos até dourar.

cremes de chocolate

a partir de 24

175 g de manteiga ou margarina amolecida

175 g/6 onças/¾ xícara de açúcar de confeiteiro (superfino)

225 g/8 onças/2 xícaras de farinha com fermento (com fermento)

75 g/3 onças/¾ xícara de coco ralado (ralado)

4 onças/100 g de flocos de milho picados

25 g/1 oz/¼ xícara de cacau em pó (chocolate sem açúcar)

60ml/4 colheres de sopa de água fervente

100 g/4 onças/1 xícara de chocolate amargo (meio-doce)

Bata a manteiga ou margarina com o açúcar e acrescente a farinha, o coco e os flocos de milho. Misture o cacau com a água fervente e acrescente à mistura. Enrole em bolas de 2,5 cm, coloque-as em uma assadeira untada e pressione levemente com um garfo para achatar. Asse em forno pré-aquecido a 180°C/termostato 4 por 15 minutos até dourar.

Derreta o chocolate em uma tigela refratária sobre uma panela com água fervente. Espalhe metade dos biscoitos (cookies) por cima e pressione a outra metade por cima. Deixe esfriar.

Biscoitos de chocolate e avelã

dá 16

7oz/200g/apenas 1 xícara de manteiga ou margarina, amolecida

50 g/2 onças/¼ xícara de açúcar refinado (superfino)

100g/4oz/½ xícara de açúcar mascavo doce

10 ml/2 colheres de chá de essência de baunilha (extrato)

1 ovo batido

275 g/10 onças/2½ xícaras de farinha comum (para todos os fins)

50 g/2 onças/½ xícara de cacau em pó (chocolate sem açúcar)

5 ml/1 colher de chá de fermento em pó

75 g/3 onças/¾ xícara de avelãs

225 g/8 onças/2 xícaras de chocolate branco picado

Bata a manteiga ou margarina, os açúcares e a essência de baunilha até obter um creme claro e fofo, depois acrescente o ovo. Adicione a farinha, o cacau e o fermento. Misture as nozes e o chocolate até a mistura ficar homogênea. Forme 16 bolas e espalhe-as uniformemente em uma assadeira untada e enfarinhada, depois achate-as levemente com as costas de uma colher. Asse em forno pré-aquecido a 160°C/325°F/termostato 3 por cerca de 15 minutos até ficar firme, mas ainda levemente macio.

Biscoitos de chocolate e noz-moscada

a partir de 24

2 oz/¼ xícara/50g de manteiga ou margarina, amolecida

100 g/4 onças/½ xícara de açúcar de confeiteiro (superfino)

15 ml/1 colher de sopa de cacau em pó (chocolate sem açúcar)

1 gema de ovo

2,5 ml/½ colher de chá de essência de baunilha (extrato)

150g/5oz/1¼ xícara de farinha comum (para todos os fins)

5 ml/1 colher de chá de fermento em pó

Uma pitada de noz moscada ralada

60 ml/4 colheres de sopa de creme azedo (lácteos)

Bata a manteiga ou margarina e o açúcar até obter um creme claro e fofo. Misture o cacau. Incorpore a gema de ovo e a essência de baunilha, depois incorpore a farinha, o fermento e a noz-moscada. Misture o creme até ficar homogêneo. Cubra e refrigere.

Abra a massa na espessura de 5mm e corte com um cortador de biscoitos de 5cm. Disponha os biscoitos (biscoitos) em uma assadeira sem untar e leve ao forno pré-aquecido a 200°C/400°F/termostato 6 por 10 minutos até dourar.

Biscoitos de chocolate

dá 16

175 g de manteiga ou margarina amolecida

75 g/3 onças/1/3 xícara de açúcar em pó (superfino)

175g/6oz/1½ xícara de farinha de trigo (para todos os fins)

50 g/2 onças/½ xícara de arroz moído

75 g/3 onças/¾ xícara de gotas de chocolate

100 g/4 onças/1 xícara de chocolate amargo (meio-doce)

Bata a manteiga ou margarina e o açúcar até obter um creme claro e fofo. Misture a farinha e o arroz moído e amasse as gotas de chocolate. Pressione em uma assadeira suíça untada (forma de rocambole de geléia) e pique com um garfo. Asse em forno pré-aquecido a 160°C/termostato 3 por 30 minutos até dourar. Faça cortes com os dedos ainda quente e deixe esfriar completamente.

Derreta o chocolate em uma tigela refratária sobre uma panela com água fervente. Espalhe sobre os biscoitos (cookies) e deixe esfriar e endurecer antes de cortar em dedos. Guarde em um recipiente hermético.

Cookies de sanduíche com café e chocolate

de 40

Para cookies (cookies):

175g/6 onças/¾ xícara de manteiga ou margarina

25 g/1 oz/2 colheres de sopa de banha (encurtamento)

450 g/1 lb/4 xícaras de farinha simples (para todos os fins)

Uma pitada de sal

100g/4oz/½ xícara de açúcar mascavo doce

5 ml/1 colher de chá de bicarbonato de sódio (bicarbonato de sódio)

60 ml/4 colheres de sopa de café preto forte

5 ml/1 colher de chá de essência de baunilha (extrato)

100 g/4 onças/1/3 xícara de xarope dourado (milho light)

Para o recheio:

10 ml/2 colheres de chá de pó de café solúvel

10 ml/2 colheres de chá de água fervente

50 g/2 onças/¼ xícara de açúcar refinado (superfino)

25 g/1 oz/2 colheres de sopa de manteiga ou margarina

15 ml/1 colher de sopa de leite

Para fazer os biscoitos, misture a manteiga ou margarina e a banha na farinha e sal até que a mistura pareça uma farofa, depois acrescente o açúcar mascavo. Misture o fermento com um pouco de café, depois envolva na mistura com o restante café, a essência de baunilha e o xarope e misture até obter uma pasta lisa. Coloque em uma tigela levemente untada com óleo, cubra com filme plástico (alumínio) e deixe durante a noite.

Abra a massa em uma superfície levemente enfarinhada com cerca de ½"/1 cm de espessura e corte em retângulos de 3/4" x 3"/2 x 7,5 cm. Marque cada um com um garfo para criar um padrão de covinhas. Transfira para a assadeira untada e asse em forno pré-aquecido a 200°C/400°F/termostato 6 por 10 minutos até dourar e depois deixe esfriar sobre uma gradinha.

Para fazer o recheio, dissolva o pó de café em água fervente em uma panela, acrescente o restante dos ingredientes e leve ao fogo. Ferva por 2 minutos, retire do fogo e bata até engrossar e esfriar. Pares de biscoito recheado com recheio.

Biscoitos natalinos

a partir de 24

100 g/4 onças/½ xícara de manteiga ou margarina, amolecida

100 g/4 onças/½ xícara de açúcar de confeiteiro (superfino)

225 g/8 onças/2 xícaras de farinha simples (para todos os fins)

Uma pitada de sal

5 ml/1 colher de chá de canela em pó

1 gema de ovo

10 ml/2 colheres de chá de água fria

Algumas gotas de essência de baunilha (extrato)

Para o glacê (glacê):
8 onças/11/3 xícaras/225 g de açúcar de confeiteiro, peneirado

30ml/2 colheres de sopa de água

Corante alimentício (opcional)

Bata a manteiga e o açúcar até obter um creme claro e fofo. Misture a farinha, o sal e a canela, depois acrescente a gema, a água e a essência de baunilha e misture até formar uma massa firme. Embrulhe em Clingfim (filme plástico) e leve à geladeira por 30 minutos.

Estenda a massa com uma espessura de ¼/5 mm e corte as formas de Natal com cortadores de biscoitos ou uma faca afiada. Faça um furo no topo de cada biscoito se quiser pendurá-los em uma árvore. Coloque as formas em uma assadeira untada com manteiga e leve ao forno pré-aquecido a 200°C/termostato 6 por 10 minutos até dourar. Deixe esfriar.

Para fazer o glacê, misture aos poucos a água com o açúcar de confeiteiro até obter um glacê bem grosso. Pinte pequenas quantidades de cores diferentes, se quiser. Desenhe os padrões nos biscoitos e deixe-os endurecer. Passe um laço de fita ou arame pelo orifício para pendurar.

biscoitos de coco

dá 32

50 g/2 onças/3 colheres de sopa de xarope dourado (milho light)

2/3 xícara/5 onças/150 g de manteiga ou margarina

100 g/4 onças/½ xícara de açúcar de confeiteiro (superfino)

100 g/4 oz/1 xícara de farinha simples (para todos os fins)

75 g/3 onças/¾ xícara de aveia em flocos

50 g/2 onças/½ xícara de coco ralado (ralado)

10 ml/2 colheres de chá de bicarbonato de sódio (bicarbonato de sódio)

15 ml/1 colher de sopa de água quente

Derreta a calda, a manteiga ou margarina e o açúcar juntos. Misture a farinha, a aveia em flocos e o coco ralado. Misture o bicarbonato de sódio com água morna e adicione-o aos outros ingredientes. Deixe a mistura esfriar um pouco, divida-a em 32 pedaços e enrole cada um em uma bola. Achate os biscoitos e coloque em assadeiras untadas. Asse em forno pré-aquecido a 160°C/termostato 3 por 20 minutos até dourar.

Biscoitos de milho com creme de frutas

de 12

150g/5oz/1¼ xícara de farinha integral (integral).

150g/5oz/1¼ xícara de farinha de milho

10 ml / 2 colheres de chá de fermento em pó

Uma pitada de sal

225g/8oz/1 xícara de iogurte natural

75g/3oz/¼ xícara de mel claro

2 ovos

45 ml/3 colheres de sopa de óleo

Para o creme de frutas:

2/3 xícara/5 onças/150 g de manteiga ou margarina, amolecida

Suco de 1 limão

Algumas gotas de essência de baunilha (extrato)

30 ml/2 colheres de sopa de açúcar granulado (surfin)

225g/8oz morangos

Junte a farinha, o fubá, o fermento e o sal. Adicione o iogurte, o mel, os ovos e o óleo e misture até obter uma pasta lisa. Estenda sobre uma superfície levemente enfarinhada com cerca de 1 cm de espessura e corte em rodelas grandes. Coloque em uma assadeira untada e leve ao forno pré-aquecido a 200°C/400°F/termostato 6 por 15 minutos até dourar.

Para fazer o creme de frutas, misture a manteiga ou margarina, o suco de limão, a essência de baunilha e o açúcar. Separe alguns morangos para decorar, bata o restante e passe por uma peneira (coador) se preferir o creme sem caroço (pedras). Misture à mistura de manteiga e leve à geladeira. Despeje ou regue uma roseta de creme em cada biscoito antes de servir.

biscoitos da Cornualha

de 20

225 g/8 onças/2 xícaras de farinha com fermento (com fermento)

Uma pitada de sal

100 g/4 onças/½ xícara de manteiga ou margarina

2/3 xícara/6 onças/175 g de açúcar em pó (superfino)

1 ovo

Açúcar de confeiteiro (confeitaria), peneirado, para polvilhar

Misture a farinha e o sal em uma tigela e adicione a manteiga ou margarina até que a mistura pareça farinha de rosca. Misture o açúcar. Incorpore o ovo e amasse até obter uma massa macia. Abra em uma superfície levemente enfarinhada e corte em rodelas.

Arrume em uma assadeira untada e leve ao forno pré-aquecido a 200°C/400°F/termostato 6 por cerca de 10 minutos até dourar.

Biscoitos Integrais Com Groselha

dá 36

100 g/4 onças/½ xícara de manteiga ou margarina, amolecida

50 g de açúcar demerara

2 ovos separados

100 g/4 onças/2/3 xícaras de groselha

225 g/8 onças/2 xícaras de farinha de trigo integral (integral).

100 g/4 oz/1 xícara de farinha simples (para todos os fins)

5ml/1 colher de chá. temperos mistos moídos (torta de maçã)

¼ pt/2/3 xícara/150 mL de leite, mais extra para pincelar

Bata a manteiga ou margarina e o açúcar até obter um creme claro e fofo. Bata as gemas e acrescente as passas. Junte as farinhas e os temperos misturados e incorpore-os à mistura com o leite. Bata as claras até ficarem firmes e, em seguida, dobre-as na mistura para formar uma massa macia. Abra a massa em uma superfície de trabalho levemente enfarinhada e corte-a com um cortador de biscoitos de 5 cm. Coloque em uma assadeira untada (biscoito) e pincele com leite. Asse em forno pré-aquecido a 180°C/termostato 4 por 20 minutos até dourar.

Cookies de sanduíche com tâmaras

de 30

8 oz/1 xícara de manteiga ou margarina, amolecida

450 g/1 lb/2 xícaras de açúcar mascavo doce

225g/8 onças/2 xícaras de aveia em flocos

225 g/8 onças/2 xícaras de farinha simples (para todos os fins)

2,5 ml/½ colher de chá de bicarbonato de sódio (bicarbonato de sódio)

Uma pitada de sal

120ml/4oz/½ xícara de leite

225 g/8 onças/2 xícaras de tâmaras sem caroço (sem caroço), bem picadas

250ml/8 onças/1 xícara de água

Bata a manteiga ou margarina e metade do açúcar até obter um creme claro e fofo. Junte os ingredientes secos e acrescente à mistura cremosa, alternando com o leite, até formar uma massa firme. Estenda em uma tábua levemente enfarinhada e corte em rodelas com um cortador de biscoitos. Coloque em uma assadeira untada e leve ao forno pré-aquecido a 180°C/termostato 4 por 10 minutos até dourar.

Coloque todos os outros ingredientes em uma panela e leve ao fogo. Reduza o fogo e cozinhe por 20 minutos até engrossar, mexendo ocasionalmente. Deixe esfriar. Recheie os biscoitos com o recheio.

Biscoitos Digestivos (Graham Crackers)

a partir de 24

175 g/6 oz/1½ xícara de farinha de trigo integral (integral).

50 g/2 onças/½ xícara de farinha de trigo (para todos os fins)

50 g/2 onças/½ xícara de farinha de aveia média

2,5ml/½ colher de chá de sal

5 ml/1 colher de chá de fermento em pó

100 g/4 onças/½ xícara de manteiga ou margarina

30 ml/2 colheres de sopa de açúcar mascavo

60 ml/4 colheres de sopa de leite

Misture as farinhas, a aveia, o sal e o fermento e acrescente a manteiga ou margarina e o açúcar. Adicione o leite aos poucos e misture até obter uma massa macia. Amasse bem até não grudar mais. Estenda até ¼"/5mm de espessura e corte em rodelas de 2"/5cm usando um cortador de biscoitos. Colocar num tabuleiro untado com manteiga e levar ao forno pré-aquecido a 180°C/termostato 4 cerca de 15 minutos.

biscoitos de páscoa

de 20

75 g/3 onças/1/3 xícara de manteiga ou margarina, amolecida

100 g/4 onças/½ xícara de açúcar de confeiteiro (superfino)

1 gema de ovo

150g/6oz/1½ xícara de farinha com fermento (com fermento)

5ml/1 colher de chá. temperos mistos moídos (torta de maçã)

15ml/1 colher de sopa de casca mista picada (cristalizada)

50 g/2 onças/1/3 xícara de groselha

15 ml/1 colher de sopa de leite

Açúcar granulado (surfin) para polvilhar

Bata a manteiga ou margarina e o açúcar. Bata a gema de ovo e, em seguida, misture a farinha e a mistura de especiarias. Misture as raspas e passas com leite suficiente para fazer uma massa dura. Estenda com cerca de ¼"/5mm de espessura e corte em rodelas de 2"/5cm usando um cortador de biscoitos. Disponha os biscoitos em uma assadeira untada e pique-os com um garfo. Asse em forno pré-aquecido a 180°C/termostato 4 por cerca de 20 minutos até dourar. Polvilhe com açúcar.

florentino

de 40

100 g/4 onças/½ xícara de manteiga ou margarina

100 g/4 onças/½ xícara de açúcar de confeiteiro (superfino)

15 ml/1 colher de sopa de creme

100 g/4 onças/1 xícara de nozes mistas picadas

75 g/3 onças/½ xícara de passas (passas douradas)

50 g de cerejas glaceadas (cristalizadas)

Derreta a manteiga ou margarina, o açúcar e o creme de leite em uma panela em fogo baixo. Retire do fogo e acrescente as nozes, as passas e as cerejas cristalizadas. Colher por colheradas, bem espaçadas, em assadeiras (biscoitos) untadas e forradas com papel de arroz. Leve ao forno pré-aquecido a 180°C/termóstato 4 durante 10 minutos. Deixe esfriar nas assadeiras por 5 minutos e, em seguida, transfira para uma gradinha para terminar de esfriar, aparando o excesso de papel de arroz.

chocolate florentino

de 40

100 g/4 onças/½ xícara de manteiga ou margarina

100 g/4 onças/½ xícara de açúcar de confeiteiro (superfino)

15 ml/1 colher de sopa de creme

100 g/4 onças/1 xícara de nozes mistas picadas

75 g/3 onças/½ xícara de passas (passas douradas)

50 g de cerejas glaceadas (cristalizadas)

100 g/4 onças/1 xícara de chocolate amargo (meio-doce)

Derreta a manteiga ou margarina, o açúcar e o creme de leite em uma panela em fogo baixo. Retire do fogo e acrescente as nozes, as passas e as cerejas cristalizadas. Colher por colheradas, bem espaçadas, em assadeiras (biscoitos) untadas e forradas com papel de arroz. Leve ao forno pré-aquecido a 180°C/termóstato 4 durante 10 minutos. Deixe esfriar nas assadeiras por 5 minutos e, em seguida, transfira para uma gradinha para terminar de esfriar, aparando o excesso de papel de arroz.

Derreta o chocolate em uma tigela refratária colocada sobre uma panela com água fervente. Espalhe os biscoitos (biscoitos) por cima e deixe esfriar e solidificar.

Fiorentino Deluxe com Chocolate

de 40

100 g/4 onças/½ xícara de manteiga ou margarina

100g/4oz/½ xícara de açúcar mascavo doce

15 ml/1 colher de sopa de creme

50 g de amêndoas picadas

2 oz/50 g/¼ xícara de avelãs picadas

75 g/3 onças/½ xícara de passas (passas douradas)

50 g de cerejas glaceadas (cristalizadas)

100 g/4 onças/1 xícara de chocolate amargo (meio-doce)

50 g/2 onças/½ xícara de chocolate branco

Derreta a manteiga ou margarina, o açúcar e o creme de leite em uma panela em fogo baixo. Retire do fogo e acrescente as nozes, as passas e as cerejas cristalizadas. Colher por colheradas, bem espaçadas, em assadeiras (biscoitos) untadas e forradas com papel de arroz. Leve ao forno pré-aquecido a 180°C/termóstato 4 durante 10 minutos. Deixe esfriar nas assadeiras por 5 minutos e, em seguida, transfira para uma gradinha para terminar de esfriar, aparando o excesso de papel de arroz.

Derreta o chocolate amargo em uma tigela refratária colocada sobre uma panela com água fervente. Espalhe os biscoitos (biscoitos) por cima e deixe esfriar e solidificar. Derreta o chocolate branco em uma tigela igualmente limpa e polvilhe linhas de chocolate branco sobre os biscoitos em um padrão aleatório.

Biscoitos escuros e nozes

de 30

75 g/3 onças/1/3 xícara de manteiga ou margarina, amolecida

200 g / 7 onças / apenas 1 xícara de açúcar de confeiteiro (superfino)

1 ovo, levemente batido

100 g/4 onças/½ xícara de queijo cottage

5 ml/1 colher de chá de essência de baunilha (extrato)

150g/5oz/1¼ xícara de farinha comum (para todos os fins)

25 g/1 oz/¼ xícara de cacau em pó (chocolate sem açúcar)

2,5ml/½ colher de chá de fermento em pó

1,5 mL/¼ colher de chá de bicarbonato de sódio (bicarbonato de sódio)

Uma pitada de sal

25 g/1 oz/¼ xícara de nozes mistas picadas

25 g / 1 oz / 2 colheres de sopa de açúcar granulado

Bata a manteiga ou margarina e o açúcar em pó até obter um creme claro e fofo. Acrescente aos poucos o ovo e o requeijão. Misture o restante dos ingredientes, exceto o açúcar granulado e misture até obter uma massa macia. Embrulhe em película aderente (folha) e leve ao frigorífico durante 1 hora.

Molde a massa em bolas do tamanho de nozes e passe-as no açúcar granulado. Disponha os biscoitos (bolachas) num tabuleiro untado e leve ao forno pré-aquecido a 180°C/termostato 4 durante 10 minutos.

biscoitos vidrados alemães

de 12

2 oz/¼ xícara/50g de manteiga ou margarina

100 g/4 oz/1 xícara de farinha simples (para todos os fins)

25 g/1 oz/2 colheres de sopa de açúcar de confeiteiro (superfino)

60 ml/4 colheres de sopa de compota de amora (guardar)

2/3 xícara/4 onças/100 g de açúcar em pó (confeitaria), peneirado

15 ml / 1 colher de sopa de suco de limão

Esfregue a manteiga na farinha até que a mistura se assemelhe a farinha de rosca. Misture o açúcar e pressione para formar uma pasta. Estenda com espessura de 5 mm/¼ de polegada e corte em rodelas usando um cortador de biscoitos. Coloque em uma assadeira untada e leve ao forno pré-aquecido a 180°C/termostato 6 por 10 minutos até esfriar. Deixe esfriar.

Par de biscoitos recheados com geléia. Coloque o açúcar de confeiteiro em uma tigela e faça um buraco no centro. Aos poucos, misture o suco de limão para fazer um esmalte gelado (glacê). Despeje sobre os biscoitos e deixe solidificar.

biscoitos de gengibre

a partir de 24

10oz/300g/1¼ xícara de manteiga ou margarina, amolecida

225g/8 onças/1 xícara de açúcar mascavo doce

75 g/3 oz/¼ xícara de melaço de crock preto (melaço)

1 ovo

2¼ xícaras/9 onças/250 g de farinha comum (para todos os fins)

10 ml/2 colheres de chá de bicarbonato de sódio (bicarbonato de sódio)

2,5ml/½ colher de chá de sal

5 ml/1 colher de chá de gengibre em pó

5ml/1 colher de chá de cravo moído

5 ml/1 colher de chá de canela em pó

50g/2oz/¼ xícara de açúcar refinado

Bata a manteiga ou margarina, o açúcar mascavo, o melaço e o ovo até ficar fofo. Junte a farinha, o bicarbonato, o sal e as especiarias. Adicione à mistura de manteiga e misture até formar uma massa firme. Cubra e leve à geladeira por 1 hora.

Forme bolinhas com a massa e passe-as no açúcar de confeiteiro. Coloque bem espaçados em uma assadeira untada e regue com um pouco de água. Asse em forno pré-aquecido a 190°C/375°F/gás 5 por 12 minutos até dourar e ficar crocante.

biscoitos de gengibre

a partir de 24

100 g/4 onças/½ xícara de manteiga ou margarina

225 g/8 onças/2 xícaras de farinha com fermento (com fermento)

5 ml/1 colher de chá de bicarbonato de sódio (bicarbonato de sódio)

5 ml/1 colher de chá de gengibre em pó

100 g/4 onças/½ xícara de açúcar de confeiteiro (superfino)

45 ml/3 colheres de sopa de xarope dourado (milho claro), aquecido

Esfregue a manteiga ou margarina na farinha, bicarbonato de sódio e gengibre. Misture o açúcar, depois acrescente a calda e misture até formar uma pasta dura. Forme bolinhas do tamanho de uma noz, disponha-as bem separadas em uma assadeira untada com manteiga e pressione-as levemente com um garfo para achatá-las. Asse os biscoitos em forno pré-aquecido a 190°C/termostato 5 por 10 minutos.

homem de gengibre

são cerca de 16

350 g/12 onças/3 xícaras de farinha com fermento (com fermento)

Uma pitada de sal

10ml/2 colheres de chá de gengibre em pó

100 g/4 onças/1/3 xícara de xarope dourado (milho light)

75 g/3 onças/1/3 xícara de manteiga ou margarina

25 g/1 oz/2 colheres de sopa de açúcar de confeiteiro (superfino)

1 ovo, levemente batido

Algumas groselhas (opcional)

Junte a farinha, o sal e o gengibre. Derreta a calda, a manteiga ou margarina e o açúcar em uma panela. Deixe esfriar um pouco, depois incorpore os ingredientes secos com o ovo e amasse até formar uma massa firme. Estenda em uma superfície levemente enfarinhada até uma espessura de 5 mm e corte com os cortadores em forma. O número que você pode fazer dependerá do tamanho de seus cortadores de biscoito. Coloque em uma assadeira levemente untada (cookies) e pressione delicadamente as groselhas nos cookies (biscoitos) para os olhos e espinhas, se desejar. Asse em forno pré-aquecido a 180°C/termostato 4 por 15 minutos até dourar e firmar ao toque.

Biscoitos integrais de gengibre

a partir de 24

200 g/7 onças/1¾ xícaras de farinha de trigo integral (integral).

10 ml / 2 colheres de chá de fermento em pó

10ml/2 colheres de chá de gengibre em pó

100 g/4 onças/½ xícara de manteiga ou margarina

50g/2oz/¼ xícara de açúcar mascavo doce

60ml/4 colheres de sopa de mel claro

Misture a farinha, o fermento e o gengibre. Derreta a manteiga ou margarina com o açúcar e o mel, depois acrescente os ingredientes secos e amasse até formar uma massa firme. Abra sobre uma superfície enfarinhada e corte em fatias com um cortador de massa. Coloque em uma assadeira untada e leve ao forno pré-aquecido a 190°C/termostato 5 por 12 minutos até dourar e ficar crocante.

Biscoitos de arroz e gengibre

de 12

225 g/8 onças/2 xícaras de farinha simples (para todos os fins)

2,5 ml/½ colher de chá de maça moída

10ml/2 colheres de chá de gengibre em pó

75 g/3 onças/1/3 xícara de manteiga ou margarina

175 g/6 onças/¾ xícara de açúcar de confeiteiro (superfino)

1 ovo batido

5ml/1 colher de chá de suco de limão

30 ml/2 colheres de sopa de arroz moído

Misture a farinha e os temperos, acrescente a manteiga ou margarina até a mistura ficar parecida com farinha de rosca, depois acrescente o açúcar. Misture o ovo e o suco de limão até formar uma massa firme e amasse delicadamente até ficar homogêneo. Polvilhe uma superfície de trabalho com o arroz moído e abra a massa na espessura de 1 cm. Corte fatias de 5 cm/2 com um cortador de biscoitos. Coloque em uma assadeira untada e leve ao forno pré-aquecido a 180°C/termostato 4 por 20 minutos até ficar firme ao toque.

biscoitos dourados

dá 36

75 g/3 onças/1/3 xícara de manteiga ou margarina, amolecida

200 g / 7 onças / apenas 1 xícara de açúcar de confeiteiro (superfino)

2 ovos, ligeiramente batidos

225 g/8 onças/2 xícaras de farinha simples (para todos os fins)

10 ml / 2 colheres de chá de fermento em pó

5 ml/1 colher de chá de noz-moscada ralada

Uma pitada de sal

Ovo ou leite para a cobertura

Açúcar granulado (surfin) para polvilhar

Bata a manteiga ou margarina e o açúcar. Adicione os ovos aos poucos, depois acrescente a farinha, o fermento, a noz-moscada e o sal e amasse até formar uma massa macia. Cubra e deixe descansar por 30 minutos.

Abra a massa em uma superfície levemente enfarinhada até uma espessura de cerca de 5 mm e corte em rodelas com um cortador de biscoitos. Coloque em uma assadeira untada, pincele com ovo batido ou leite e polvilhe com açúcar. Asse em forno pré-aquecido a 200°C/400°F/termostato 6 por 8-10 minutos até dourar.

biscoitos de avelã

a partir de 24

100 g/4 onças/½ xícara de manteiga ou margarina, amolecida

50 g/2 onças/¼ xícara de açúcar refinado (superfino)

100 g/4 oz/1 xícara de farinha simples (para todos os fins)

25 g/1 oz/¼ xícara de avelãs moídas

Bata a manteiga ou margarina e o açúcar até obter um creme claro e fofo. Acrescente aos poucos a farinha e as nozes até formar uma massa firme. Forme bolinhas e disponha-as, bem separadas, em uma assadeira untada com manteiga. Asse os biscoitos em forno pré-aquecido a 180°C/termostato 4 por 20 minutos.

Biscoitos crocantes de avelã

de 40

100 g/4 onças/½ xícara de manteiga ou margarina, amolecida

100 g/4 onças/½ xícara de açúcar de confeiteiro (superfino)

1 ovo batido

5 ml/1 colher de chá de essência de baunilha (extrato)

175g/6oz/1½ xícara de farinha de trigo (para todos os fins)

50 g/2 onças/½ xícara de avelãs moídas

2 oz/50 g/½ xícara de avelãs picadas

Bata a manteiga ou margarina e o açúcar até obter um creme claro e fofo. Incorpore aos poucos o ovo e a essência de baunilha, depois incorpore a farinha, as avelãs picadas e as avelãs e amasse até formar uma massa. Faça uma bola, embrulhe em Clingfim (folha) e leve à geladeira por 1 hora.

Abra a massa com uma espessura de 5mm/¼ e corte as fatias com um cortador de biscoitos. Coloque em uma assadeira untada e leve ao forno pré-aquecido a 200°C/400°F/termostato 6 por 10 minutos até dourar.

Biscoitos de avelã e amêndoa

a partir de 24

100 g/4 onças/½ xícara de manteiga ou margarina, amolecida

75 g/3 oz/½ xícara de açúcar em pó (confeitaria), peneirado

50 g/2 onças/1/3 xícara de avelãs moídas

50 g/2 onças/1/3 xícara de amêndoas moídas

100 g/4 oz/1 xícara de farinha simples (para todos os fins)

5ml/1 colher de chá de essência de amêndoa (extrato)

Uma pitada de sal

Bata a manteiga ou margarina e o açúcar até obter um creme claro e fofo. Misture o resto dos ingredientes para fazer uma pasta sólida. Faça uma bola, cubra com película aderente (folha) e leve ao frigorífico durante 30 minutos.

Abra a massa com cerca de 1 cm de espessura e corte em rodelas com um cortador de biscoitos. Coloque em uma assadeira untada e leve ao forno pré-aquecido a 180°C/termostato 4 por 15 minutos até dourar.

biscoitos de mel

a partir de 24

75 g/3 onças/1/3 xícara de manteiga ou margarina

100g/4oz/1/3 xícara de mel

225 g/8 onças/2 xícaras de farinha de trigo integral (integral).

5 ml/1 colher de chá de fermento em pó

Uma pitada de sal

2 onças/¼ xícara/50 g de açúcar mascavo

5 ml/1 colher de chá de canela em pó

1 ovo, levemente batido

Derreta a manteiga ou margarina e o mel até misturar. Misture os ingredientes restantes. Disponha as colheradas da mistura uniformemente espaçadas em uma assadeira com manteiga e leve ao forno pré-aquecido a 180°C/termostato 4 por 15 minutos até dourar. Deixe esfriar 5 minutos antes de transferir para uma gradinha para completar o resfriamento.

ratafia com mel

a partir de 24

2 claras de ovo

100 g/4 onças/1 xícara de amêndoas moídas

Algumas gotas de essência de amêndoa (extrato)

100 g/4 onças/1/3 xícara de mel claro

papel de arroz

Bata as claras em neve até ficarem firmes. Misture delicadamente as amêndoas, a essência de amêndoa e o mel. Disponha as colheres da mistura uniformemente espaçadas em assadeiras forradas com papel de arroz e leve ao forno pré-aquecido a 180°C/termostato 4 por 15 minutos até dourar. Deixe esfriar um pouco e rasgue o papel para removê-lo.

Biscoitos de Manteiga de Mel

de 12

2 oz/¼ xícara/50g de manteiga ou margarina

225 g/8 onças/2 xícaras de farinha com fermento (com fermento)

6 fl oz/¾ xícara de leitelho/175 mL

45ml/3 colheres de sopa de mel claro

Esfregue a manteiga ou margarina na farinha até que a mistura se assemelhe a farinha de rosca. Misture o leitelho e o mel e misture em uma pasta dura. Coloque em uma superfície levemente enfarinhada e amasse até ficar homogêneo, depois abra até 2 cm / ¾ de polegada de espessura e corte em 5 cm / 2 rodadas usando um cortador de biscoitos. Coloque em uma assadeira untada e leve ao forno pré-aquecido a 230°C/termostato 8 por 10 minutos até dourar.

Biscoitos de Manteiga de Limão

de 20

100g/4oz/1 xícara de arroz moído

100 g/4 oz/1 xícara de farinha simples (para todos os fins)

75 g/3 onças/1/3 xícara de açúcar em pó (superfino)

Uma pitada de sal

2,5ml/½ colher de chá de fermento em pó

100 g/4 onças/½ xícara de manteiga ou margarina

raspas de 1 limão

1 ovo batido

Misture o arroz moído, a farinha, o açúcar, o sal e o fermento. Esfregue a manteiga até que a mistura se assemelhe a farinha de rosca. Junte as raspas de limão e misture com bastante ovo para formar uma massa dura. Amasse delicadamente, em seguida, estenda sobre uma superfície enfarinhada e corte formas com um cortador de biscoitos. Colocar num tabuleiro untado com manteiga e levar ao forno pré-aquecido a 180°C/termostato 4 durante 30 minutos. Deixe esfriar um pouco na assadeira e transfira para a gradinha para esfriar completamente.

biscoitos de limão

a partir de 24

100 g/4 onças/½ xícara de manteiga ou margarina

100 g/4 onças/½ xícara de açúcar de confeiteiro (superfino)

1 ovo, levemente batido

225 g/8 onças/2 xícaras de farinha simples (para todos os fins)

5 ml/1 colher de chá de fermento em pó

Raspas de ½ limão

5ml/1 colher de chá de suco de limão

30 ml/2 colheres de sopa de açúcar demerara

Derreta a manteiga ou margarina e o açúcar granulado em fogo baixo, mexendo sempre até a mistura começar a engrossar. Retire do fogo e misture o ovo, a farinha, o fermento, as raspas e o suco de limão e misture até formar uma pasta. Cubra e leve à geladeira por 30 minutos.

Forme bolinhas com a massa e coloque-as em uma assadeira untada com manteiga, amassando com um garfo. Polvilhe com açúcar demerara. Asse em forno pré-aquecido a 180°C/termostato 4 por 15 minutos.

momentos de fusão

dá 16

100 g/4 onças/½ xícara de manteiga ou margarina, amolecida

75 g/3 onças/1/3 xícara de açúcar em pó (superfino)

1 ovo batido

150g/5oz/1¼ xícara de farinha comum (para todos os fins)

10 ml / 2 colheres de chá de fermento em pó

Uma pitada de sal

8 cerejas cristalizadas (cristalizadas), cortadas ao meio

Bata a manteiga ou margarina e o açúcar até obter um creme claro e fofo. Incorpore o ovo um pouco de cada vez, depois incorpore a farinha, o fermento e o sal. Sove delicadamente até obter uma massa lisa. Forme a massa em 16 bolas de tamanho igual e arrume-as, bem espaçadas, em uma assadeira com manteiga. Achate ligeiramente e decore cada um com meia cereja. Asse em forno pré-aquecido a 180°C/termostato 4 por 15 minutos. Deixe esfriar na assadeira por 5 minutos e, em seguida, transfira para uma gradinha para completar o resfriamento.

biscoitos de granola

a partir de 24

100 g/4 onças/½ xícara de manteiga ou margarina

100 g/4 onças/1/3 xícara de mel claro

75 g/3 onças/1/3 xícara de açúcar mascavo doce

100 g / 4 onças / 1 xícara de farinha de trigo integral (integral).

100 g/4 onças/1 xícara de aveia em flocos

50 g/2 onças/1/3 xícara de passas

2 oz/50 g/1/3 xícara de passas (passas douradas)

2 oz/1/3 xícara de tâmaras sem caroço (sem caroço), picadas

2 onças/1/3 xícara de damascos secos prontos para consumo, picados

1 oz/¼ xícara de nozes picadas

25 g/1 oz/¼ xícara de avelãs picadas

Derreta a manteiga ou margarina com o mel e o açúcar. Adicione o restante dos ingredientes e amasse até obter uma massa firme. Coloque as colheres de chá em uma forma (biscoito) untada e pressione plana. Asse os biscoitos em forno pré-aquecido a 180°C/termostato 4 por 20 minutos até dourar.

biscoitos de nozes

a partir de 24

350 g/12 oz/1½ xícara de manteiga ou margarina, amolecida

350 g/12 onças/1½ xícara de açúcar de confeiteiro (superfino)

5 ml/1 colher de chá de essência de baunilha (extrato)

350 g/12 onças/3 xícaras de farinha simples (para todos os fins)

5 ml/1 colher de chá de bicarbonato de sódio (bicarbonato de sódio)

100 g/4 onças/1 xícara de nozes mistas picadas

Bata a manteiga ou margarina e o açúcar até obter um creme claro e fofo. Adicione os outros ingredientes e misture até ficar bem misturado. Forme dois rolos longos, cubra e leve à geladeira por 30 minutos até firmar.

Corte os rolinhos em fatias de ¼"/5 mm e arrume-os em uma assadeira untada. Asse os biscoitos em forno pré-aquecido a 180°C/termostato 4 por 10 minutos até dourar levemente.

Biscoitos crocantes de nozes

de 30

100g/4oz/½ xícara de açúcar mascavo doce

1 ovo batido

5 ml/1 colher de chá de essência de baunilha (extrato)

45ml/3tbs farinha (para todos os fins)

100 g/4 onças/1 xícara de nozes mistas picadas

Bata o açúcar com o ovo e a essência de baunilha, depois acrescente a farinha e as nozes. Coloque as colheres de chá em uma assadeira untada com manteiga e enfarinhada e achate levemente com um garfo. Asse os biscoitos em forno pré-aquecido a 190°C/termostato 5 por 10 minutos.

Biscoitos crocantes com canela e nozes

a partir de 24

100 g/4 onças/½ xícara de manteiga ou margarina, amolecida

100 g/4 onças/½ xícara de açúcar de confeiteiro (superfino)

1 ovo, levemente batido

2,5 ml/½ colher de chá de essência de baunilha (extrato)

175g/6oz/1½ xícara de farinha de trigo (para todos os fins)

2,5ml/½ colher de chá de canela em pó

2,5 ml/½ colher de chá de bicarbonato de sódio (bicarbonato de sódio)

100 g/4 onças/1 xícara de nozes mistas picadas

Bata a manteiga ou margarina e o açúcar. Adicione gradualmente 60ml/4 colheres de sopa de ovo e essência de baunilha. Misture a farinha, a canela, o bicarbonato de sódio e metade das nozes. Pressione em uma forma de rolo suíça untada e enfarinhada (forma de rolo de geléia). Pincele com o ovo restante e polvilhe com as nozes restantes e pressione levemente. Asse os biscoitos (bolachas) em forno pré-aquecido a 180°C/termostato 4 por 20 minutos até dourar. Deixe arrefecer na forma antes de cortar em barras.

dedos de aveia

a partir de 24

200g/7oz/1¾ xícara de aveia em flocos

75 g/3 onças/¾ xícara de farinha comum (para todos os fins)

5 ml/1 colher de chá de fermento em pó

2 onças/¼ xícara/50 g de manteiga ou margarina, derretida

Água fervente

Misture a aveia em flocos, a farinha e o fermento, depois acrescente a manteiga ou margarina derretida e água fervente suficiente para fazer uma massa macia. Amasse em uma superfície levemente enfarinhada até obter uma consistência firme, depois abra e corte em dedos. Coloque em uma assadeira untada e leve ao forno pré-aquecido a 190°C/termostato 5 por 10 minutos até dourar.